阳光与少年 启蒙教育丛书

处世歌诀

高占祥 著

梁宗强 释

中国人民大学出版社
·北京·

图书在版编目（CIP）数据

处世歌诀 / 高占祥著；梁宗强释 . —北京：中国人民大学出版社，2014.5
（"阳光与少年"启蒙教育丛书）
ISBN 978-7-300-19292-5

Ⅰ.① 处⋯　Ⅱ.① 高⋯ ② 梁⋯　Ⅲ.① 品德教育 – 中国 – 少年读物　Ⅳ.① D432.62

中国版本图书馆 CIP 数据核字（2014）第 091655 号

"阳光与少年"启蒙教育丛书

处世歌诀

高占祥　著

梁宗强　释

Chushi Gejue

出版发行	中国人民大学出版社		
社　　址	北京中关村大街 31 号	**邮政编码**	100080
电　　话	010–62511242（总编室）	010–62511770（质管部）	
	010–82501766（邮购部）	010–62514148（门市部）	
	010–62515195（发行公司）	010–62515275（盗版举报）	
网　　址	http:// www. crup. com. cn		
	http:// www. ttrnet. com（人大教研网）		
经　　销	新华书店		
印　　刷	北京易丰印捷科技股份有限公司		
规　　格	180 mm×210 mm　16 开本	**版　　次**	2014 年 5 月第 1 版
印　　张	12.25	**印　　次**	2015 年 6 月第 2 次印刷
字　　数	83 000	**定　　价**	28.00 元

出版说明

　　中华民族有着悠久的优秀文化传统，这一文化传统对于中华民族的成长壮大，对于推动中国社会的发展，都起着极为重要的作用，是中华民族生生不息、发展壮大的内在思想源泉。中华文明绵延数千年而不衰，原因固然很多，但其中一个很重要的原因，就是我们有着共同的、优秀的文化传统。它具有强大的民族凝聚力，只要是华夏儿女，无论是生活在祖国的大地上，还是远离祖国，都忘不了这种传统，它像我们祖先的血液一样，流淌在我们每一个中国人的血管中，振奋着我们的民族精神，激荡着我们的民族情怀。

　　在数千年的历史积淀中，中华传统文化形成了博大精深的思想体系，它包含着：心忧天下、天下为公的公义思想；天下兴亡、匹夫有责的家国情怀；崇德弘毅、厚德载物的人文取向；仁爱共济、立己达人的博大胸怀；正心笃志、宁静致远的人格追求；以及以爱国主义为核心的团结统一、爱好和平、勤劳勇敢、自强不息的民族精神……中华优秀传统文化的生命光辉，展示了宽广的包容之力、厚重的承载之力和连绵不绝的新生之力。这样一种文化价值体系，在别的国家是很少见的。这些中华传统文化的特殊标志，也是整个人类文明孜孜以求的理想梦园。

今天，提倡大力弘扬中华传统文化有着十分重要的现实意义：

首先，社会的现代化带来了价值观念的冲突。作为意识形态的价值思想体系是生产关系的集中反映，新的生产关系的建立必然要伴随新的价值思想体系的建立。但是，新价值思想体系的建立不是凭空臆造的，而是在对原有价值思想体系的批判继承中发展起来的。今天，我们提倡弘扬中华传统优秀文化就是要把中华传统价值思想体系中的精华发扬光大，把它和社会主义现代化结合起来。弘扬中华传统美德、承载中华文化底蕴的现代化才是有中国特色的现代化。

其次，西方文化特别是西方价值观对中国社会仍然有着巨大的冲击。对于西方文化，我们不应盲目崇拜，而应加以区分和选择，西方文化中深厚的人文思想、开放意识和进取精神等都是值得我们认真学习和借鉴的，但对于那些反映西方资本主义核心价值的文化理念和文化思潮，我们则要清醒地辨别和剔除，保护我们的下一代健康成长。

再次，当前青少年道德教育的现状迫切需要加强中华传统美德的教育。由于很长一段时间我们认知上的偏差，把中华传统文化都视为封建糟粕，缺少了对于中华传统美德的教育。今天我们倡导中华民族的伟大复兴，首先就是要加强对中华传统美德的教育，让青少年懂得几千年来中华民族坚守的孝、悌、忠、信、礼、义、廉、耻等基本价值，学习古圣先贤的道德追求和人生境界，树立正确的价值观和人生观，为中华民族的伟大复兴努力奋斗。

俗语云："教儿婴孩，教妇初来"。儿童天性纯真，善言易入，先入为主，长成之后即不易改变，所以人的善心、信心，须在其幼小时加以培育和长养。在孩童时代，即应教以诵读经典，既培养其智慧和定力，更晓以伦理道德。我们古代的思想家、教育家很懂得这个道理，他们编写的儿童蒙学读物《三字经》、《弟子规》、《千字文》等，一方面让儿童识字学知识，另一方面让儿童把传统美德铭记在心，身体力行，从小养成习惯，古往今来的贤人名士都是自小在这样的启蒙熏陶下砥砺成长起来的。

高占祥同志长期从事青年工作和文化管理工作，一直热切关注广大学生教育工作。他认为：少年儿童的启蒙教育是国家未来所有事业的根基。所以在离开领导工作岗位之后，他将主要精力都投入到儿童和青少年教育事业上。"'阳光与少年'启蒙教育丛书"就是高占祥同志经过多年苦心创作，为少年儿童朋友们送上的一份满载着爱心和厚望的礼物。

这套"'阳光与少年'启蒙教育丛书"的主要特点有四：

一是建基于传统蒙学经典之上，吸取了传统蒙学经典中的精华，以合辙押韵、易读上口的诗文形式将传统美德、经典价值向广大儿童和青少年朋友娓娓道来。

二是融入了鲜明的时代精神，以现代元素升华传统文化，用时代精神弘扬传统美德，将可读性与可行性结合起来，使之更符合时代的特点。

三是将中国传统伦理道德与西方教育理念结合起来，加以融会贯通，使传统文化与现代生活世界的联系、与现代经济社会的融合更为紧密。

四是紧扣这套丛书的创作主旨——"弘扬传统美德，培育阳光少年"，向广大少年儿童传递正能量，以培养少年儿童天真活泼的个性、乐观积极的态度、健康向上的志趣、昂扬振奋的精神，使之从小就树立起担当意识，积极参与社会创造，努力做到"赞天地之化育而与天地参"。

这套丛书的五本启蒙读物中，《新弟子规》《新小儿语》主要面向四到六岁的儿童；《新三字经》主要针对六到十岁的儿童；《警世贤文》《处世歌诀》重在人生感悟，主要面向青少年。这五本书中，有四本之前曾经分别出版，这次集结为一套"'阳光与少年'启蒙教育丛书"，内容和注解都作了适当修订，比之前更为完善。

少年强则中国强，少年智则中国智。儿童和青少年的素质，决定了一个民族的明天与未来，少时培养的道德理想，是人生成就和幸福的关键。《论语》有云："士不可以不弘毅，任重而道远。仁以为己任，不亦重乎？死而后已，不亦远乎？"古往今来，凡是对人类发展作出杰出贡献的人，无不具有坚定的理想信念，而且大都立志于少年时期，追求于毕生之中。周恩来在中学时即发出"为中华之崛起而读书"的自我激励。所以少年儿童，从小就应树立弘大的志向。

我们希望借这套丛书，将中国优秀传统文化的精神和内涵传递给广大儿童和青少年朋友，让我们从修养自身的道德开始，"读书志在圣贤"，不断完善自我，做一个懂孝悌、明道义、知廉耻的人，最终成为对家庭、对社会、对民族、对人类有价值的人，成为实现中华民族伟大复兴的中国梦的生力军。

目 录

处世歌诀

诵读篇 ／1

注释篇 ／13

后记 ／ 175

跋／177

诵读篇

处世歌诀

修身正心，志当高远。

珍视光阴，惜取少年。

求知善读，切莫偷安。

激浊扬清，嫉恶从善。

无欲则刚，正气浩然。

淡泊明志，宁静致远。

光明磊落，衾影无惭。

清廉自守，戒奢节俭。

见利思义，纤尘不染。

为仁由己，自我完善。

公正无私，谨防偏见。

主敬涵养，力戒傲慢。

克己制怒，消忧解烦。

豁达大度，幽默乐观。

珍重声誉，崇尚勇敢。

履险如夷，勇担风险。

消除胆怯，敢于冒尖。

轻蔑毁谤，仪静体闲。

虚怀若谷，琴心剑胆。

克躬励己，智勇双全。

三思而行，敏捷果断。

永存爱心，常怀善念。

摆脱孤独，广结善缘。

知足常乐，美意延年。

耐得寂寞，以苦求甜。

贫不失志，阔不变脸。

冷处热心，雪中送炭。

成人之美，济人之难。

慷慨解囊，无私奉献。

助人为乐，与人为善。

不念旧恶，以德报怨。

受恩莫忘，施惠勿念。

牢骚勿盛，唠叨当减。

志美行厉，言约旨远。

诚实守信，莫说谎言。

审慎析疑，忌听谗言。

辩冤白谤，仗义执言。

甩掉嫉妒，不倡流言。

勿生闷气，忌传闲言。

实事求是，戳穿谎言。

言出行随，敏行讷言。

当说必说，不尚空谈。

忠于职守，埋头苦干。

跳出自我，任劳任怨。

抱朴守拙，勤学苦练。

沐身浴德，勇往直前。

攻必求克，心坚石穿。

未雨绸缪，思深虑远。

坚持原则，临机应变。

允执其中，不倚不偏。

求同存异，取长补短。

当心诱惑，警惕暗算。

贵耳重目，兼听防暗。

失中求得，审慎褒贬。

闹中取静，忙里偷闲。

悔中求悟，改过迁善。

慎独为宝，防微杜渐。

守身如玉，勿护己短。

闻过则喜，迷途知返。

行己有耻，陋习当断。

谦虚谨慎，嘉语温馨。

傲骨嶙峋，不耻下问。

学问思辨，居安资深。

力戒浮躁，务必专心。

明于察己，辨察知人。

尊贤爱才，审己度人。

泰而不骄，平易近人。

为人忌狂，勿媚于人。

文明交往，礼貌待人。

相互谅解，推己及人。

自我控制，修己安人。

和气致祥，善气迎人。

见义勇为，以德化人。

自强不息，不甘后人。

顾全大局，鄙视小人。

唯义是守，以义相亲。

养亲必敬，手足情深。

尊老爱幼，从师必尊。

珍重友谊，高义薄云。

团结友爱，睦乃四邻。

以文会友，以友辅仁。

度德量力，恻隐之心。

修己忘我，舍己为群。

名利如水，富贵浮云。

优化人格，天理良心。

见贤思齐，常省吾身。

推功揽过，将心比心。

自知之明，求仁得仁。

自我净化，洁手清心。

自我平衡，福善祸淫。

自我解嘲，清慎勤忍。

自我挑战，知难而进。

自我管理，靠己立身。

克服自卑，拥有自信。

洁身自好，己行自尊。

毁人自毁，玩火自焚。

严以律己，宽以待人。

否极泰来，过度失春。

恭听广纳，辨伪存真。

走出逆境，度过厄运。

威武不屈，能屈能伸。

忍辱负重，毅力坚韧。

宠辱不惊，微笑常存。

事无私曲，声无假吟。

坦诚相待，贵在知心。

以和为贵，沉默是金。

不平则鸣，宜忍则忍。

当仁不让，一诺千金。

五讲四美，公德必遵。

纪律必守，法律必循。

面向未来，起步于今。

渐入佳境，明德惟馨。

勿图虚荣，以实为本。

热爱劳动，办事认真。

热爱科学，好奇求新。

有志竟成，业精于勤。

热情永驻，信念坚贞。

追求真理，奋不顾身。

拼搏进取，革故鼎新。

急流勇退，开拓前进。

乐业敬业，为国为民。

里仁为美，年德俱尊。

风度潇洒，文质彬彬。

德厚流光，雪魄冰魂。

躬行践履，修德养身。

注释篇

修身正心^①，志当高远^②。

【注解】

① 修身正心：修养身心，努力提高自己的品德修养。修身：修养身心。《礼记·大学》："欲齐其家者，先修其身。"正心：专指内心的修养，在此有强调修身须先正心之意。

② 志当高远：应当树立远大的志向。

欲齐其家，先修其身；欲修其身，先正其心。正心，乃修身之本。良好的道德品质不是与生俱来的，只有通过长期的修养才能形成，而修身正心，则是提高道德水准的重要方法。志，是人们立下的奋斗目标，以及为实现这一目标而下的决心。志向是人的精神支柱，有了远大的志向，才能赢得灿烂的人生。所以，人生贵立志，立志当高远。

珍视光阴^①，惜取少年^②。

【注解】

① 珍视光阴：珍惜时间。光阴：时间。《颜氏家训·勉学》："光阴可惜，譬诸逝水。"

② 惜取少年：爱惜、珍视青少年时期。惜：爱惜，珍视。取：作语气助词用，表示动作的进行。如：听取；记取。少年：青少年时期。

莫让年华水东流。珍惜光阴，就是珍惜生命；珍惜光阴，就是珍惜人生的价值。青少年时期是人生的生长期、造就时期和打基础的时期，是学知识、创事业的大好时光。惜取少年，就是珍惜生命的价值；惜取少年，既是珍惜光阴的第一步，也是珍惜光阴的重要一环。

求知善读①，切莫偷安②。

【注解】

① 求知善读：探求知识，善于读书。

② 切莫偷安：切记不要不顾将来的祸患，只图眼前的安逸。切：切记。偷安：不顾将来的祸患，只图眼前的安逸。《新书·数宁》："夫抱火措之积薪之下而寝其上，火未及燃，因谓之安，偷安者也。"

知识就是力量，知识又是一切美德之母，只有知识的江河才能载起事业和理想之舟。因此，求知善读是人们获取知识、掌握本领的重要途径，也是人们提高道德修养、塑造自己人格的重要手段。人生，需要奋斗前进，不能苟且停步。切莫偷安，促人产生紧迫感、危机感、使命感，从而在人生道路上不断地拼搏进取，阔步向前。

激浊扬清 ①，嫉恶从善 ②。

【注解】

① 激浊扬清：比喻抨击、清除坏的，表彰、发扬好的。三国 (魏) 刘劭《人物志》卷中《利害》："既达也，为上下之所敬，其功足以激浊扬清，师范僚友。"

② 嫉恶从善：痛恨坏人坏事，以好人好事为榜样，向好人好事学习。嫉恶：憎恨邪恶，痛恨坏人坏事。汉代王符《潜夫论·实贡》："好善嫉恶，赏罚严明，治之材也。"从：跟随。这里引申为"以……为榜样"；"向……学习"。善：美好。这里引申为"好人好事"。

> 激浊扬清，彰善惩恶，实为扶正祛邪、净化社会风气的有力手段。从善如登，从恶如崩。嫉恶从善，体现了爱憎分明、求是去非、向美背丑的思想品格，是人们加强道德修养，不断进行自我完善的一个重要途径。

无欲则刚①，正气浩然②。

【注解】

① 无欲则刚：去除私欲，就能一身正气，刚直不阿。无：没有。这里引申为"去除"。刚：坚硬；坚强。这里引申为"刚直不阿"。

② 正气浩然：正大刚直之气。正气：刚正之气。南宋文天祥《正气歌》："天地有正气，杂然赋流形。"浩然："浩然之气"的省称，意为正大刚直之气。《孟子·公孙丑上》："我善养吾浩然之气。"

无欲则刚，说明了一个道理：去除私欲，就能心怀坦荡，无所畏惧，从而一身正气，刚直不阿。正气浩然，使人重气节，脊梁直，骨头硬，真正做到"富贵不能淫，贫贱不能移，威武不能屈"。

【 "强项令" 董宣 】

1. 董宣任京都洛阳令时，湖阳公主的家奴无端打死卖唱的父女二人，董宣智捕凶犯，就地正法。

2. 公主告到刘秀那里，刘秀要将董宣乱棍打死，董宣陈述情由后，"以头击楹"欲自尽。刘秀又让太监搀架董宣，强迫他向公主磕头谢罪，而董宣"两手据地，终不肯俯"。

淡泊明志^①，宁静致远^②。

【注解】

① 淡泊明志：恬静寡欲，不求名利，以此表示自己的志趣。淡泊：恬静寡欲。明志：表示自己的志趣。三国（蜀）诸葛亮《诫子书》："非淡泊无以明志。"

② 宁静致远：心境宁静，思虑可致深远。宁静：安定清静。致：达到。远：深远。三国（蜀）诸葛亮《诫子书》："非宁静无以致远。"

淡泊明志，教人恬淡安然、志趣高雅、行为脱俗，为了追求信仰和成就事业，不戚戚于贫贱，不汲汲于富贵，不沾沾于名利。只有在宁静的心境中，人的思虑才得以展开、深入，才能够发挥最佳的功效。宁静致远，教人心情平和、思绪专注，从而缜密周全地思考问题，始终如一地追求远大理想。

光明磊落^①，衾影无惭^②。

【注解】

① 光明磊落：胸怀坦白，正大光明。磊落：心地坦白。《晋书·石勒载记下》："大丈夫作事当礌礌（磊磊）落落，如日月皎然。"

② 衾（qīn）影无惭：指没有做过亏心事，行为光明磊落。衾：被子。影：身影。清代李宝嘉《官场现形记》第二十回："我们讲理学的人，最讲究的是'慎独'工夫，总要能够衾影无惭，屋漏不愧。"

光明磊落，体现了心胸坦荡、无私无邪的品行气度，历来为人们所推重。做人，就要做一个光明磊落、顶天立地的人。衾影无惭，向人们提出了一个道德修养的高标准：为人处世须堂堂正正，立身行事要正大光明，无论什么时候，都能经得住道义和自己良心的检验。

清廉自守^①，戒奢节俭^②。

【注解】

① 清廉自守：清白廉洁，自觉守节、守法。清廉：清白廉洁。自守：自觉守节、守法。

② 戒奢节俭：戒除奢侈，节约俭省。戒：戒除。节俭：用钱等有节制；俭省。

清廉自守虽贫而荣，贪污受贿虽富犹耻。清廉自守，既是对为官者提出的道德规范，也是一般公众所应当遵守的道德准则。戒奢节俭、艰苦奋斗是中华民族的传统美德。今天，在祖国的社会主义建设事业中，我们要进一步继承和发扬这种好传统、好作风。

见利思义^①，纤尘不染^②。

【注解】

① 见利思义：遇见利益先要想到道义。指重义轻利，不贪分外的好处。《论语·宪问》："见利思义，见危授命，久要不忘平生之言，亦可以为成人矣。"

② 纤尘不染：一点儿灰尘都不沾，也用以比喻没有沾染上任何坏的思想习气。纤：细小。

见利思义，使人们在金钱、物质等利益的诱惑面前，心头牢记"道义"二字，始终保持高尚的品格和端严的操守。在纷繁复杂的世界中，做到纤尘不染、冰清玉洁是非常不容易的；只有不断加强道德修养，时时处处严格要求自己，才能达到这种高尚的境界。

【白敏中不见利忘义】

　　1.唐朝时，出身贵族的白敏中和家境贫寒的贺拔惎是好朋友。这年，两人同到长安参加试举。主考官王起看了他们的试卷后，想取白敏中为状元，但要他必须和贺拔惎断绝来往。

2.白敏中十分气愤，发誓宁肯不当状元，也不丢弃穷朋友。他的至诚品行感动了王起，最后，白、贺二人同中进士。

为仁由己^①，自我完善^②。

【注解】

① 为仁由己：实践仁德，全凭自己。为：实践。仁：儒家的一种道德规范，也是古代一种含义广泛的道德观念，其核心指人与人相亲、爱人。由：介词，表示凭借。《论语·颜渊》："为仁由己，而由人乎哉？"

② 自我完善：指自觉地对自己的操行下工夫，使之渐趋完美。自我：自己（用在双音动词前面，表示这个动作由自己发出，同时又以自己为对象）。完善：完美。这里作动词用："使……完美"。

　　辩证唯物主义告诉我们：内因是一切事物存在的基础和发展的根本原因。为仁由己，阐明了这样的道理：实践仁德，全在于自己的主观努力。自我完善的修身方法昭示人们：在加强道德修养并达到高尚境界的实践过程中，自觉性、主动性既是一个重要的条件，又是一个重要的途径。

公正无私①，谨防偏见②。

【注解】

① 公正无私：做到公正，没有私心。

② 谨防偏见：谨慎地预防和防备出现片面、不公正的见解。偏见：片面、不公正的见解；成见。

以国家和人民的利益为重，才能存公正之心，不计一己之私。具备了公正无私的品德，才能"公"字当头，实事求是，主持正义，扬善惩恶。偏见导致人们用错误的标准看待、衡量人和事物，偏见比无知离真理更远。谨防偏见，有助于人们在社会生活中客观冷静地观察和思考问题，正确地认识和处理问题。

主敬涵养^①，力戒傲慢^②。

【注解】

① 主敬涵养："主敬"是古代理学家修养身心的一个重要方法。它要求人排除一切杂念干扰，使注意力高度集中在内心，从而实现心情的充分宁静。宋代朱熹认为，"主敬"这种涵养与穷理格物密切关联。他主张必须使心达到"虚静明彻"的状态，才能"见得事理分明"。涵养：内省体验的修养。《朱子全书·论语六》："盖必平日庄敬诚实，涵养有素，方能如此。"现在指能控制情绪、冷静处事的功夫。

② 力戒傲慢：极力防止骄傲怠慢。力戒：极力防止。傲慢：骄傲怠慢；轻视别人，对人没有礼貌。

主敬涵养作为一种有益的心理活动，可使意念高度集中，从而最大限度地发挥思维的功能。力戒傲慢，会令你虚心地看到别人的长处以及自己的短处，促使自己在前进的道路上永不停步。

克己制怒①，消忧解烦②。

【注解】

① 克己制怒：约束自己，控制自己的愤怒情绪。克己：克制自己的私欲；约束自己。《后汉书·祭遵传》："遵为人廉约小心，克己奉公。"制：节制；制止；控制。

② 消忧解烦：消除忧愁，排解烦恼。

克制、调节自己的愤怒情绪，方能保持冷静稳定的心境，把握和驾驭自己。克己制怒，能助你以清醒的理智，从容地应付所面临的棘手的事情。忧愁和烦恼，既伤害了身心健康，又阻滞了前进的步伐；消忧解烦则如一剂良方，令心头的愁云化为乌有，将胸中的烦恼一扫而光。

【林则徐自制】

　　1. 林则徐为人耿直，秉性急躁，他父亲林宾月为了启发帮助他改掉急躁毛病，曾给他讲了一个急判官误判案的故事。

　　2. 于是，林则徐为了时时克制自己的急躁情绪，在书房里挂了一块横匾，匾上写着两个遒劲的大字"制怒"。

豁达大度①，幽默乐观②。

【注解】

① 豁达大度：度量大，能容人。豁达：胸襟开阔。大度：气量宽宏。晋代潘岳《西征赋》："观夫汉高之兴也，非徒聪明神武，豁达大度而已也。"

② 幽默乐观：富有风趣，精神愉快。幽默：有趣或可笑而意味深长的。乐观：精神愉快，对事物的发展充满信心。

豁达大度，是目光高远、胸怀宽阔的体现，它向人们展现了宽厚谦让、容人谅人的美德。幽默乐观的人，以积极向上、欢快愉悦的态度对待人生，他们的心田是充满阳光的乐园，他们时时感受到人生的幸福和美好。

珍重声誉①，崇尚勇敢②。

【注解】

① 珍重声誉：珍爱名誉。珍重：爱惜；珍爱。声誉：名誉。
② 崇尚勇敢：推重提倡勇敢的精神。崇尚：推重提倡。

　　珍重声誉，体现了爱惜人格、自重自强的优良品德。珍重自己声誉的人，同时也会受到别人的尊重。崇尚勇敢，以无所畏惧、一往无前的精神迎着危险和困难上，是在事业上获得成功的重要保证之一。

履险如夷^①，勇担风险^②。

【注解】

① 履险如夷：走在险峻的地方就像走在平地上一样。比喻处在危险的境地毫不畏惧，而平安地渡过了难关。履：踩踏；行走。夷：平地。

② 勇担风险：勇敢地承当可能发生的危险。担：担负；承当。风险：可能发生的危险。

履险如夷，既需要战胜困难的决心和勇气，又需要战胜困难的才干和本领，二者必须紧密结合起来，才能战胜困难，走出艰险的境地。生活的辩证法和事实告诉人们：风险与机遇同存，风险与利害同伴，风险与成功同在。勇担风险，实为创业求新所不可缺少的胆识和气度。

消除胆怯^①，敢于冒尖^②。

【注解】

① 消除胆怯：除掉胆小、怯懦的缺点。消除：使不存在；除去（不利的事物）。胆怯：胆小；怯懦；畏缩。

② 敢于冒尖：敢于突出（多指显露超过一般人的才干）。冒尖：突出。

胆怯，使人的视线缩短，思维被囚，才干被缚，不敢越雷池一步。只有消除胆怯，才能勇于探索，勇于进取。各行各业的"尖子"，是时代的英才，民族的精华。有数量众多的尖子人才，是一件关系到富国兴邦的大事。人人敢于冒尖，显露才华，争当先进，我们的事业就一定会更加兴旺发达。

【毛遂自荐】

　　1. 春秋战国时期，秦兵包围赵都邯郸，赵王派平原君去楚国求救。平原君准备带二十人同往，可是挑了十九人，还差一人，毛遂自我推荐。众人都怀疑毛遂能否担此重任。

2.平原君会见楚王，谈了半天还没有结果，毛遂便按剑上殿，指出秦曾攻破楚国，侮辱楚国人祖宗的百世深仇，陈述联合抗秦的利害。于是，两国歃血为盟，联合出兵抗秦。

轻蔑毁谤①，仪静体闲②。

【注解】

① 轻蔑毁谤：轻视诽谤。轻蔑：轻视；不放在眼里。毁谤：诽谤，即无中生有，说人坏话，毁人名誉。

② 仪静体闲：仪表文静，体态安闲。形容仪表端庄而优雅。三国（魏）曹植《洛神赋》："瑰姿艳逸，仪静体闲。"这里引申为当人们遭到诽谤攻击时，仍然神态自若，不为小人的胡言乱语所干扰。

事实毕竟是事实，正义终归战胜邪恶。轻蔑毁谤，是强者的风度，是自信的表现，同时也是对诽谤者的蔑视。仪静体闲，是显示素养、完善形象的一个重要方面。当前，在日益频繁的社会交往中，仪静体闲已成为大度从容、广交朋友、赢得信任，进而走向成功的一个不可忽视的因素。

虚怀若谷^①，琴心剑胆^②。

【注解】

① 虚怀若谷：胸怀像山谷那样深而宽广。形容非常谦虚，能够容纳别人的意见。虚怀：谦虚的胸怀。谷：山谷。《老子》第十五章："敦兮其若朴，旷兮其若谷。"

② 琴心剑胆：琴为心，剑为胆 (琴剑是古时文人的随身之物)。比喻既有情致，又有胆识。胆：胆略；胆识。元代吴莱《寄董与几》诗："小榻琴心展，长缨剑胆舒。"

虚怀若谷是一种实事求是地对己待人的美德。虚怀若谷的人，不自负，不自满，善于学习他人的长处，能及时发现自己的不足并予以纠正，从而在成才、成功的道路上迈出较大的步伐。琴心剑胆，显现出刚劲儒雅集于一身的精神气质，体现了优秀的中华古文化遗风。

克躬励己^①，智勇双全^②。

【注解】

① 克躬励己：能够自己劝勉、鼓励自己。克：能够。《尚书·大禹谟》："克勤于邦，克俭于家。"躬：自身；亲自。三国(蜀)诸葛亮《出师表》："臣本布衣，躬耕于南阳。"励：劝勉；鼓励。

② 智勇双全：既机智又勇敢。智：智谋。《元曲选·张国宾〈薛仁贵〉楔子》："凭着您孩儿学成武艺，智勇双全，若在两阵之间，怕不马到成功。"

　　前进在人生道路上，人们既需要他人的激励，又需要自我激励。克躬励己，是激发自己不断攀登、奋进的动力，也是一种可贵的主动、自强和进取的精神。

三思而行①，敏捷果断②。

注释篇

【注解】

① 三思而行：经过反复考虑，然后才去做。三：再三；多次。思：思考；考虑。行：做。《论语·公冶长》："季文子三思而后行。"

② 敏捷果断：灵敏迅速，有决断。敏捷：灵敏迅速。《汉书·严延年传》："延年为人短小精悍，敏捷于事。"果断：有决断，不迟疑犹豫。

遇事多加考虑，往往办得比较稳妥。三思而行，令你做事少出差错或避免差错。遇事犹豫不决，行动迟缓，常常延误时日，错过良机。敏捷果断，则有助于人们抓住机遇，尽快成功。

永存爱心[1]，常怀善念[2]。

【注解】

① 永存爱心：永远怀着相互友爱的心意。

② 常怀善念：心里经常存有善良、友好的念头。怀：心里存有。善：善良；友好。

　　人类需要亲情爱意，社会需要真诚友善。常存爱心，人们无论走到哪里，都会感到身边有亲人，处处皆是家。常怀善念，人们的生活会时时洋溢着亲切和睦的情意，感到我们所生活的世界，是一个幸福美好的人间。

摆脱孤独^①，广结善缘^②。

【注解】

① 摆脱孤独：摆脱孤单的情绪。摆脱：脱离 (牵制、束缚、困难、不良的情况等)。孤独：独自一个人；孤单。

② 广结善缘：广泛结交，善于争取支持和帮助。广：广泛。缘：泛指好的缘分。这里引申为"争取支持和帮助"。

投身到社会生活中去，将自己融入时代的大潮，和周围的人一起为振兴中华之伟业去奋斗，就能摆脱孤独，找到自己的同志和朋友。广结善缘，可使你得到人们的认识、理解和友谊，争取多方的支持和帮助，向着成才、成功的目标大步迈进；广结善缘，可使你的人生之路越走越宽广，越走越通畅。

知足常乐①，美意延年②。

【注解】

① 知足常乐：能够知道满足，就会经常感到快乐。知足：自知满足。《老子》第四十六章："祸莫大于不知足，咎莫大于欲得，故知足之足常足矣。"

② 美意延年：乐观可以延长寿命。美意：乐观无忧，心情舒畅。延年：延长寿命。《荀子·致士》："得众动天，美意延年。"

知足常乐，可以省却生活中许多不必要的烦恼，是对待追求欲望的正确、明智态度。不过，人们对自己的生活条件和工作环境等可以知足，但对学习和工作中所取得的成绩则永远不能满足，应该不断向高标准去努力、去攀登。乐观益寿，美意延年。拥有乐观舒畅的心境和情怀，我们才能保持强健的体魄，我们的生命之舟，才能在人生的航程上扬帆远航。

耐得寂寞 ^①，以苦求甜 ^②。

【注解】

① 耐得寂寞：能经得住孤单、冷清、平淡的考验。耐：忍受得住；经得起。得：用在动词后面，表示可能。

② 以苦求甜：用艰苦的努力去寻求美好和幸福。以：用；拿。苦：刻苦；勤劳。这里引申为"艰苦的努力"。求：追求；探求；寻求。甜：比喻美好、舒适、幸福。

勤学苦练是通往成才之路的一座金桥，而勤学苦练必须耐得寂寞。只有耐得寂寞，才能花大工夫，下大力气，真正做到勤学苦练。丰硕的成果，由辛勤的汗水凝聚而成，幸福的生活，靠艰苦奋斗创造得来，以苦求甜，乐在其中。

贫不失志^①，阔不变脸^②。

【注解】

① 贫不失志：在贫困中也不失去志向。

② 阔不变脸：阔气了也不能忘乎所以，看不起别人。变脸：翻脸。这里引申为"忘乎所以，看不起别人"。

　　生活贫困，度日艰难，但志向不改，气节不失；身虽富贵，却重情尚义，不忘贫贱之交，不疏故旧亲朋。贫不失志，阔不变脸，是中华民族传统的优良美德，显示了中国人民高尚的道德情操。

冷处热心①，雪中送炭②。

【注解】

① 冷处热心：在别人处境困难的时候给予热情帮助。冷处：比喻处境困难。热心：有热情，肯尽力。

② 雪中送炭：在大雪天里给人送炭。比喻在别人急需的时候给予帮助。宋代范成大《大雪送炭与芥隐》诗："不是雪中须送炭，聊装风景要诗来。"

热心虽不难做到，但在"冷处"情最真、意最暖；炭的价值虽不高，但在"雪中"最宝贵、最及时。我们待人应该做到冷处热心，雪中送炭，在别人处境困难，急求所需之时，主动、真诚地予以关心同情和大力帮助。

成人之美①，济人之难②。

【注解】

① 成人之美：指帮助别人做成好事或实现其愿望。成：成全；帮助。美：美好；好事。《论语·颜渊》："君子成人之美，不成人之恶。"

② 济人之难：在别人遇到困难或危难的时候给予救助。济：救助；接济。《晋书·何攀传》："惟以周穷济乏为事。"

主动热情地支持和扶助他人，使之事就功成，堪称君子风范。成人之美的人，在成全了别人的同时，也成全了自己的美好人格。济人之难的善行义举，自古以来就受到人们的赞扬和称颂；这种有益于社会和人民的好风尚、好品德，在今天应进一步得到发扬光大。

慷慨解囊 ①，无私奉献 ②。

【注解】

① 慷慨解囊：形容很大方地在经济上援助别人。慷慨：大方；毫不吝啬。解囊：打开钱袋，指拿出钱。

② 无私奉献：毫无私心地作出贡献。奉献：恭敬地交付；呈献。这里引申为"作出贡献"。

慷慨解囊，体现了为救助他人而牺牲自己利益的高贵品德。如果我们都能以行善为乐，在必要之时慷慨解囊，那么人性中爱和美的花朵将开遍社会的各个角落。无私奉献，是一种崇高的、极为宝贵的精神。这种精神，今天正光耀神州，促进着改革开放和现代化建设的进程。

助人为乐^①，与人为善^②。

【注解】

① 助人为乐：把帮助别人作为快乐。为：作为。

② 与人为善：跟人一同做好事。现多指善意地帮助别人。与：和；跟；帮助。为：做。善：好事。《孟子·公孙丑上》："取诸人以为善，是与人为善者也。"

助人为乐，是中华民族古老的道德遗风，也是当今中国人民精神风貌的一个闪光点。与人为善，似吹拂心头的和煦春风，令人暖意盈怀，感到我们所生活的世界充满爱。

不念旧恶①，以德报怨②。

【注解】

① 不念旧恶：不记住或不计较别人过去的错误或个人间的仇怨。念：记住；计较。恶：坏；坏事。这里引申为"错误"；"仇怨"。《论语·公冶长》："伯夷、叔齐不念旧恶，怨是用希。"

② 以德报怨：拿恩德来报答别人曾给予自己的怨恨。以：用；拿。

出于谅让或顾全大局而捐弃前嫌，不念旧恶，向人们展示了高尚的道德情操和博大的胸怀度量。精诚所至，金石为开。以德报怨，以诚感人，其结果往往是怨恨自消，并赢得对方的感激与尊重。当然，这里讲的以德报怨，是指一般的道德行为，至于那些忘恩负义的恶棍，则当别论。

【韩信不念旧恶】

　　1.韩信年轻时，家里很穷。一天，韩信挎剑在市上逛，一个屠夫的儿子向他挑衅："你若有胆量，就一剑把我杀了，你若不敢，就从我胯下钻过去。"韩信一看是个无赖，就忍辱从他胯下爬了过去。

　　2. 后来，韩信被刘邦拜为大将军，统兵北上，屡立战功。路过家乡时，他找到那屠夫的儿子，不但没杀他，反而给他一个小官做，并说："当初你侮辱我，反倒让我发奋上进，所以我才让你做官。"

受恩莫忘^①，施惠勿念^②。

【注解】

① 受恩莫忘：承受了别人的恩惠不能忘记。受：接受；承受。恩：恩惠。

② 施惠勿念：不要把给予别人恩惠的事情记在心上。施：给予。惠：给予或受到的好处；恩惠。

　　滴水之恩，涌泉相报，是中国人民纯朴善良、情义深重的一种体现。受恩莫忘，无论什么时候，都应该成为立身行事的一个准则。心地坦诚，无私助人，才能施惠勿念。在今天，随着时代的进步和精神文明程度的提高，施惠勿念的高风格，已经体现在越来越多的人身上。

牢骚勿盛^①，唠叨当减^②。

【注解】

① 牢骚勿盛：不要多发牢骚，常发牢骚。盛：多。这里引申为"经常"。

② 唠叨当减：说话应当简明，不要翻来覆去，没完没了。唠叨：说起来没完。

人有牢骚，心情必然不好。人生在世牢骚难免，但牢骚太多，非但于事无补，还会把事情弄糟。因此，无论从哪个方面来说，牢骚勿盛都是明智、有益的。说话翻来覆去，没完没了，既抓不住要点，又让人听着心烦。唠叨当减，确是日常生活中不可忽视的事情。

志美行厉①，言约旨远②。

【注解】

① 志美行厉：志向远大，言行端正。美：这里的意思是"远大"。厉：这里的意思是"端正"。南朝（宋）范晔《后汉书·张堪传》："年十六，受业长安，志美行厉，诸儒号曰'圣童'。"

② 言约旨远：语言简要，含义深远。约：简要。旨：意义。南朝（宋）刘义庆《世说新语·文学》："客主有不通处，张（张凭）乃遥于末坐判之，言约旨远，足畅彼我之怀，一坐皆惊。"

　　没有远大的志向，就不会为成功付出艰辛的努力；没有端正的言行，就不会有好的品德。志美行厉，是成就事业、加强道德修养的重要保证；言约旨远，是思考问题深入、语言表达能力很强的表现。做到这一点，需要平日坚持不懈地学习、努力。

诚实守信①，莫说谎言。

【注解】

① 诚实守信：言行跟内心思想一致，遵守信约。诚实：言行跟内心思想一致(指好的思想行为)；不虚假。守信：遵守信约；有信用。

　　诚实守信，既是社会公德对人们待人接物的要求，又是每个人都应当遵循的道德标准。诚实守信的人，一定会获得别人对他的信任。为人处世，莫说谎言。谎言虽能骗人一时，但不会长久，一旦被戳穿，就会从此失去别人的信任。

审慎析疑①，忌听谗言②。

【注解】

① 审慎析疑：周密而谨慎地解释疑惑。审慎：周密而谨慎。析疑：解释疑惑。

② 忌听谗言：不听毁谤别人和挑拨离间的话。忌：认为不适宜而避免。谗言：毁谤的话；挑拨离间的话。

　　社会生活纷繁复杂，遇到疑惑不解的问题，须认真对待，以审慎析疑的态度搞清楚，弄明白。谗言自古有之，至今未绝于世。谗言害人，谗言坏事，谗言甚至可以误国。忌听谗言，便可避免谗言所酿的恶果；忌听谗言，是对付谗言的最好办法。

辩冤白谤^①，仗义执言^②。

【注解】

① 辩冤白谤：对冤枉的事情和诽谤的言辞进行辩解、批驳，以说明事实真相。辩：辩解。这里引申为"批驳"。白：清楚；明白；弄明白。谤：诽谤。

② 仗义执言：主持正义，说公道话。仗义：主持正义。执言：说公道话。明代冯梦龙《警世通言·范鳅儿双镜重圆》："此人姓范名汝为，仗义执言，救民水火。"

　　蒙受冤枉，使人的心灵受到伤害、诽谤，似泼向人的脏水，射向人的暗箭。但人们也有保护自己的办法，辩冤白谤就是回击它们的有力武器。而当他人遭到诽谤时，能够挺身而出为之辩冤白谤，则是极为可贵之美德，令人钦佩、敬仰。仗义执言，贬斥邪恶，弘扬正气，历来是人们所敬佩的品格。多一些仗义执言的人，就会早日实现社会风气的根本好转。

甩掉嫉妒①，不倡流言②。

【注解】

① 甩掉嫉妒：甩开、抛弃嫉贤妒能的心理状态。嫉妒：对才能、名誉、地位或境遇比自己好的人心怀怨恨。战国屈原《离骚》："浊而不分兮，好蔽美而嫉妒。"

② 不倡流言：不传播没有根据的话。倡：这里的意思是"传播"。流言：没有根据的话（多指背后议论、诬蔑或挑拨的话）。《汉书·杜钦传》："若此，则流言消释，疑惑著明。"

妒火中烧，可使人头脑发昏，干出许多坏事。甩掉嫉妒，以尊重、学习、赶超的态度来对待他人的成就和荣誉，才是正确的做法。流言，不知害过多少人，实为社会一大公害。"流言止于智者"，不倡流言，流言便失去了蔓延的条件和传播的市场。

勿生闷气，忌传闲言①。

【注解】

① 忌传闲言：不要传播闲言闲语。忌：认为不适宜而避免。闲言：与正事无关的话；不满意的话；背后对别人的讥评、议论。

　　生闷气，于事无补，于健康有害。遇事心胸开朗，勿生闷气，寻求正确的办法去处理、解决，乃是积极乐观的人生态度。闲言闲语，既庸俗无聊，又损害人际关系。忌传闲言，在日常生活中可以避免许多不必要的是非和麻烦。

实事求是 [1]，戳穿谎言 [2]。

【注解】

[1] 实事求是：从实际情况出发，既不夸大，也不缩小，正确地对待和处理问题。也指科学地研究客观事物的规律。《汉书·河间献王传》："修学好古，实事求是。"

[2] 戳穿谎言：揭穿谎言。戳穿：说破；揭穿。

实事求是，一切从实际情况出发，才能正确地认识问题、研究问题，妥善地处理问题、解决问题。谎言披着虚假的外衣，有时在一定时间里能够歪曲事实，蒙蔽视听。戳穿谎言，真相大白，谎言也就不攻自破。

言出行随^①，敏行讷言^②。

【注解】

① 言出行随：话说出来，行动就跟在后面。意思是说到做到，言行一致。随：跟随。

② 敏行讷（nè）言：做事要勤勉敏捷，说话要谨慎小心。敏：敏捷。这里引申为"勤勉敏捷"。行：做事。讷：说话迟钝。这里引申为"谨慎小心"。《论语·里仁》："君子欲讷于言而敏于行。"

言出行随，体现了"言必信，行必果"的精神。言行一致，说到做到，必能取信于人，在社会交往中赢得良好的信誉。勤勉敏捷，就会提高做事的效率，谨慎小心，说话就能比较周全。敏行讷言的人，在工作、学习和处理人际关系等方面，往往是成功者。

【范式守信】

　　1.东汉时，范式和张元伯同在京城读书，俩人是好朋友。毕业时，范式对张元伯说："两年后的今天，我会专程到你家，拜见伯母。"

2.两年后，到了约定的那一天，张元伯和母亲置办了酒菜，等候范式到来。范式果然没有失约，准时来到张元伯家，拜见了张母。

当说必说^①，不尚空谈^②。

【注解】

① 当说必说：应当说的一定要说。指该谈的看法或该提的意见，一定要说出来。

② 不尚空谈：不崇尚说空话而讲求实际。尚：崇尚。《荀子·成相》："尧舜尚贤身辞让。"空谈：只说不做；有言论，无行动。

"说"，可以明理，可以去非，可以除恶，可以扬善。在问题、是非面前，我们要有话直说，当说必说；面对邪恶，更要当说必说，并与之作坚决斗争。空谈是一种误事毁业的陋习，改革开放和现代化建设需要的是脚踏实地的好作风，需要的是勤奋努力的实干家，不尚空谈，应该成为我们的座右铭。

忠于职守①，埋头苦干②。

【注解】

① 忠于职守：忠诚于自己的工作岗位。忠于：忠诚地对待。职守：工作岗位。

② 埋头苦干：形容专心勤奋地刻苦工作。埋头：低着头，形容学习或工作专心。

　　无论从事何种职业，都要以极端负责的精神，忠心耿耿地把本职工作做好。忠于职守，既是职业道德的规范，也是良好的职业道德行为。干事业，创成果，离不开专心、勤奋、刻苦。当前，我们每个人都要埋头苦干，一心务实，在振兴中华的伟业中作出自己的贡献。

跳出自我①，任劳任怨②。

【注解】

① 跳出自我：跳出以自己的利益为中心的小圈子。自我：自己。

② 任劳任怨：形容做事不辞辛苦，不怕受埋怨。任：担当；承受。劳：劳苦：怨：埋怨。清代颜光敏《颜氏家藏尺牍》卷一《劳副都之辨》："惟存一矢公矢慎之心，无愧屋漏，而闱中任劳任怨，种种非笔所能尽。"

　　人生的意义在于为社会的进步和人类的幸福努力奋斗。跳出自我，才能摆脱私利的困扰，投身于广阔的人生中，去开拓，去进取，去奉献。任劳任怨，是可贵的老黄牛精神，是无私奉献的具体体现。为了迎接美好的明天，实现共产主义理想，鞠躬尽瘁、任劳任怨的精神，应该永远发扬下去。

抱朴守拙^①，勤学苦练^②。

【注解】

① 抱朴守拙：保持纯真朴实、鲁直憨厚的品性。朴：朴实；朴质。拙：鲁直憨厚。

② 勤学苦练：勤奋地学，刻苦地练。

　　抱朴守拙的人，工作积极肯干，任劳任怨，待人热心善良，真诚宽厚，表现出优良的道德品性，深受大家的好评和喜欢。要想在求知或学艺方面获得成就，必须勤学苦练。功夫下得深，铁杵磨成针，勤学苦练会使人在求知或学艺的道路上跨越重重障碍，征服个个难关。

【纪昌学箭】

1.古代有个叫纪昌的人，一心要当一名神箭手。他遵照师傅的吩咐，先用了两年时间，聚精会神地盯着织布机上的穿梭，直练到有人用锥子刺到他的眼眶边，眼睛也不眨一下。

　　2. 然后，又用头发系住一只虱子挂在窗口上，目不转睛地望着它。过了三年，纪昌感到看虱子像看车轮一样清楚了，才开始学射箭。很快，他便学得一手高超的射箭技艺。

沐身浴德^①，勇往直前^②。

【注解】

① 沐身浴德：同"澡身浴德"。指修养身心，使自己纯洁清白，品德高尚。《礼记·儒行》："儒有澡身而浴德，陈言而伏，静而正之，上弗知也。"

② 勇往直前：勇敢地一直往前进。宋代朱熹《朱子全书》卷五十二《道统一·周子书》："不顾旁人是非，不计自己得失，勇往直前，说出人不敢说的道理。"

> 沐身浴德，以沐浴其身不染浊，沐浴其德德自清的比喻，说明了加强身心修养，就能使自己纯洁清白、品德高尚的道理。认准了正确的理想和目标，就要百折不挠地去追求、去实现；为了正义事业的成功，就要毫不畏惧地干到底：这些，都是勇往直前精神的体现。

攻必求克^①，心坚石穿^②。

【注解】

① 攻必求克：进攻阵地或据点要求一定要攻下。比喻做事一定要取得成功。求：要求。必：必须；一定要。克：战胜；攻下。《左传·庄公十年》："彼竭我盈，故克之。"

② 心坚石穿：意志坚决可以把石头穿透。比喻下了决心，什么困难都能克服。《元曲选·石君宝〈曲江池〉一》："争奈我心坚石穿，准备着从良弃贱。"

攻必求克，这种意志坚定，不畏艰难险阻，敢搏狂风恶浪的精神和气概，是做好工作、完成任务的重要保证。有坚定的决心和顽强的毅力，才能战胜困难，获得成功。心坚石穿，对有志于成才立业的人来说，是必须具备的条件。

未雨绸缪①，思深虑远②。

【注解】

① 未雨绸缪（móu）：在没有下雨的时候，就要把门窗修好。比喻事前做好准备工作。绸缪：用绳索紧密缠捆。这里引申为"修补"。《诗经·豳风·鸱鸮》："迨天之未阴雨，彻彼桑土，绸缪牖户。"

② 思深虑远：考虑问题深入、周到而且长远。思深：思考问题深入、周到。虑远：考虑问题长远。

打无准备之仗，往往要失败，预先做好准备，才能把事情办好。"宜未雨绸缪，勿临渴掘井"这一警句，我们应该牢记。考虑问题深入周到，可以少出或避免差错；考虑问题长远，就能有预见性。思深虑远有助于人们走上成功之路，摘取胜利之果。

坚持原则，临机应变①。

【注解】

① 临机应变：根据情况的变化，掌握时机，灵活应付。临机：掌握时机（行动）。应变：应付突然发生的情况。《宋史·萧资传》："资性和厚，临机应变，辑穆将士，总摄细务。"

原则是人们观察问题、分析问题、处理问题的准绳，是人们应该确定的行为准则。不随波逐流，不为名利所诱而坚持原则，是人格高尚的重要标志。临机应变，反映了一个人应付情况变化的能力。在复杂的社会生活和人际交往中，难免遇到意想不到的情况变化，这就需要我们学习和掌握临机应变的本领。

允执其中①，不倚不偏②。

【注解】

① 允执其中：真诚地保持不偏不倚的正道。允：诚信。执：执行、实行。《论语·尧曰》："天之历数在尔躬。允执其中。"

② 不倚不偏：不偏向任何一方。倚：偏向。宋代朱熹《四书集注·中庸》："中者，不偏不倚，无过不及之名。"

在解决问题、处理事情和调解纠纷中，偏袒庇护的做法，必然招致人们的不满和对立；而允执其中，不倚不偏，则是一碗水端平的公平合理态度，令人信服满意，从而收到良好的效果。

求同存异①，取长补短②。

【注解】

① 求同存异：寻求共同之处，保留不同意见。求：寻求。存：保留。

② 取长补短：吸取别人的长处，弥补自己的不足之处。也指在同类事物中取这个的长处来补那个的短处。

当认识、意见出现分歧，一时无法统一时，以求同存异的方法协调关系，能使大家团结合作，朝着共同的目标迈进，为了共同的事业奋斗。尺有所短，寸有所长，每个人都有自己的长处，也有自己的短处。取长补短，相互学习，相互交流，有助于人们水平的提高，才能的发挥。

【刘邦韩信论短长】

　　1.一天，刘邦邀韩信到宫中赴宴。席间，君臣谈兵论将，韩信称自己最善于带兵，刘邦十分不快。

　　2.但是，韩信话锋一转，又说："陛下虽不善带兵，却善于用将啊。"刘邦转怒
为喜，饮酒大笑。

当心诱惑^①，警惕暗算^②。

【注解】

① 当心诱惑：小心不要被人引诱、迷惑而做坏事。当心：小心；留神。诱惑：引诱；迷惑；使用手段，使人认识模糊而做坏事。《淮南子·要略》："使人不妄没于势利，不诱惑于事态。"

② 警惕暗算：指警惕有人在背后搞鬼，暗中算计人、坑害人。

　　大千世界，纷繁复杂，腐朽有害的东西往往披上各种诱人的外衣，冲破一些人理智的堤防；为此，当心诱惑，保持气节，一身清白，对每个人来说都是必要的。社会上有极少数人，总爱搞阴谋诡计；明枪易躲，暗箭伤人，在必要时，应有警惕暗算的戒备心理，防患于未然，正如人们常说的："害人之心不可有，防人之心不可无。"

贵耳重目①，兼听防暗②。

【注解】

① 贵耳重目：重视亲耳听到的，更要重视亲眼看到的。形容不信传闻，而是尊重事实。贵：重视；崇尚。《商君书·画策》："圣王者不贵义而贵法。"耳：听到的。目：看到的。

② 兼听防暗：了解事情或道理，应听取多方面的意见，以防认识糊涂。兼听：听取多方面的意见。汉代王符《潜夫论·明暗》："君之所以明者，兼听也。"暗：糊涂；不明白。

传闻不一定是事实，轻信传闻，难免以讹传讹。贵耳重目，深入实际了解情况，才能获取第一手材料，得出正确认识。客观事物是复杂的，偏听偏信，往往带有片面性。广泛听取不同意见，集思广益，才能兼听防暗，正确认识人和事物。

失中求得 ①，审慎褒贬 ②。

【注解】

① 失中求得：在过失中力求有所得。指从挫折中汲取经验教训。

② 审慎褒贬：评论别人应持慎重态度。审：慎重。《吕氏春秋·音律》："审民所终。"褒贬：评论好坏。

在社会生活中，谁都可能出现过失。有了过失并不可怕，失中求得，就能将坏事变成好事，加快前进的步伐。人的经历、思想、心情等往往是复杂的，对人加以评论，不能简单地看一时一事，更不能只凭主观印象下断语。审慎褒贬，是我们在评论人时所应持有的态度。

处世歌诀

闹中取静^①，忙里偷闲^②。

【注解】

① 闹中取静：在喧闹、嘈杂声中求取清静。形容能够排除不利环境的干扰，心情恬淡、精神专注。

② 忙里偷闲：在繁忙中抽出一些空闲时间。偷：抽出。宋代陈造《江湖长翁集》："同陈宰黄簿游灵山，宰云：'吾辈可谓忙里偷闲，苦中作乐。'"

> 安静的环境，有益于人们的工作、学习，遇到嘈杂、混乱的环境，也不要烦恼、泄气，而应闹中取静，摆脱不利环境的干扰，专心致志地投入到自己所从事的事业中。文武之道，一张一弛。挤时间，巧安排，忙里偷闲，劳逸结合，既有利于身体健康，又能提高工作效率。

悔中求悟①，改过迁善②。

【注解】

① 悔中求悟：在懊悔或悔恨中求得醒悟。

② 改过迁善：改正过错，向好的方面转变。过：过失；错误。迁：转变。《元曲选·武汉臣〈老生儿〉二》："我今日舍散家财，毁烧文契，改过迁善。"

　　有时候，从自己所犯错误的后果中学习，收获比从其他途径学习来得快；犯了错误的人，一是应当悔恨自己的过去，二是要痛定思痛，悔中求悟，力求以后避免或减少错误。人非圣贤，孰能无过？过而能改，善莫大焉。改过迁善，可以化害为利，点石成金，从而走上洒满阳光的大道，奔向锦绣光明的前程。

慎独为宝[①]，防微杜渐[②]。

【注解】

① 慎独为宝：把慎独的修养方法作为珍宝。慎独：儒家用语。意思是在独处无人时，自己的行为也必须谨慎不苟。《礼记·中庸》："莫见乎隐，莫显乎微，故君子慎其独也。"

② 防微杜渐：在坏事、坏思想、坏作风刚刚冒头的时候，就加以防止，不让其继续发展。微：微小，指事物的苗头。杜：杜绝；堵塞。渐：事物的发展。《宋书·吴喜传》："且欲防微杜渐，忧在未萌，不欲方幅露其罪恶，明当严诏切之，令其为其所。"

慎独是一种高尚的美德，它要求人们在无人监督的情况下，自觉谨慎地遵守道德原则，一切按照道德规范去做；常存慎独之心，以慎独为宝，就能自尊自重，保持道德的纯洁性。千里之堤，溃于蚁穴，许多好东西的溃坏，都是从一点一滴开始的；防微杜渐，注意及时克服和纠正小缺点、小错误，是明智而有远见的做法。

守身如玉①，勿护己短②。

【注解】

① 守身如玉：保持自己的节操，像玉石一样纯洁无瑕。也指爱护自己的身体。清代刘鹗《老残游记》第二回："但其中十个人里，一定总有一两个守身如玉，始终不移的。"清代吴趼人《二十年目睹之怪现状》第八十六回："他从此能守身如玉起来，好好的调理两个月后，再行决定。"

② 勿护己短：不要袒护自己的缺点或过失。护：袒护；包庇。短：缺点；过失。《新唐书·李栖筠传》："栖筠喜奖善而乐人攻己短。"

气节和操守，对每个人来说都是极可宝贵的。一个人无论在什么情况下，都应该守身如玉，不失志，不变节，一身清白立于天地间。不论是谁，出现缺点和过失都是难免的，只要认识和改正，就能继续前进。勿护己短，应成为我们平时要求自己的一个行为准则。

闻过则喜^①，迷途知返^②。

【注解】

① 闻过则喜：听到别人指出自己的过错就高兴。形容虚心接受意见。过：过失；错误。则：就。唐代韩愈《答冯宿书》："然子路闻其过则喜，禹闻昌言则下车拜。"

② 迷途知返：迷失了道路知道回来。比喻觉察到自己的错误，知道改正。迷途：迷失道路。南朝（梁）丘迟《与陈伯之书》："夫迷途知返，往哲是与！"

"痛莫大于不闻过"，不知道自己的过错，好比不知道自己身体中隐藏的病患。闻过则喜，知过必改，是不断加强道德修养，促进自我完善的重要一环。迷途知返，是从黑暗走向光明的一座金桥。迷途知返，果断地同昨天告别，勇敢地从今天起步，可令人重新塑造一个自我，以崭新的风采去拥抱美好的人生。

行己有耻^①，陋习当断^②。

【注解】

① 行己有耻，指对自己的言行应有是非观念与耻辱之心。《论语·子路》："行己有耻，使于四方，不辱君命，可谓士矣。"

② 陋习当断：应当戒除不好的习惯或不好的习气。陋：不文明；不合理。《新书·道术》："辞令就得谓之雅，反雅为陋。"断：戒除。

"辱莫大于不知耻"，有知耻之心，才能明辨是非，严于律己。树立行己有耻的观念，人们才会自觉地按道德规范办事，从而形成良好的社会风尚。陋习陈规是落后和愚昧的表现，与飞速发展的时代很不合拍。陋习当断，陈规必除，将有力地推动改革开放和现代化建设的进程。

谦虚谨慎①，嘉语温馨②。

【注解】

① 谦虚谨慎：形容待人处世慎重小心，不自满。谦虚：虚心；不自满。谨慎：慎重小心。

② 嘉语温馨：美好的话语使人感到温暖馨香。嘉：美好。温馨：温暖馨香。唐代皮日休《奉和鲁望玩金鸂鶒戏赠》诗："镂羽雕毛迥出群，温馨飘出麝脐熏。"

　　"满招损，谦受益"，骄傲自满招致损害，谦虚谨慎得到益处；谦虚谨慎，既可以使人不断进取，又可以使人于功成业就之时，防骄戒奢。人与人交往，最基本的方式是会话，讲究语言美，是交往的艺术之一；嘉语温馨，说话文雅、和气、谦逊，令你博得他人的好感，进而赢得交往的成功。

傲骨嶙峋①，不耻下问②。

【注解】

① 傲骨嶙峋：性格高傲不屈，为人刚直。傲骨：比喻高傲不屈的性格。明代袁宏道《感王韬庚》诗："傲骨终然遭白眼，穷途无计觅青蚨。"嶙峋：林立峻峭或层叠高耸的样子，这里比喻为人刚直。

② 不耻下问：不以向学问比自己差或职位比自己低的人请教为耻。《论语·公冶长》："敏而好学，不耻下问。"

做人应该有点傲骨嶙峋的品格。刚毅、正直、坚贞，不阿谀逢迎，不屈服于权势，是一个真正的人所不可缺少的精神和品德。"三人行，必有我师焉"，以一切能者为师，虚心求教，不耻下问，善于学习他人所长，是求知治学和做好工作的一个重要方法。

学问思辨^①，居安资深^②。

【注解】

① 学问思辨：儒家提出修德的几个依次相接的步骤，即要做到博学、审问、慎思、明辨、笃行，才能成为一个有德的君子。

② 居安资深：牢固地积蓄知识，则造诣自深。指做学问的老实态度和科学方法。居：居积。居安：牢固地掌握所学。资：积蓄。资深：积蓄很深。

　　学问思辨，可以广知而择善，明理行仁义，成为一个有道德、有修养、有学问的人。学习在于勤奋，知识在于积累。功夫不亏人，以锲而不舍的精神坚持学习，扎扎实实地掌握所学，天长日久便会居安资深，学有所成。

力戒浮躁①，务必专心②。

【注解】

① 力戒浮躁：极力防止轻浮急躁的情绪。力戒：极力防止。浮躁：轻浮急躁。

② 务必专心：一定要专心致志。务必：一定；必须。

    轻浮急躁，注定要把事情办糟。搞好学习或工作，要力戒浮躁，在平时注意培养严谨沉稳、冷静求实的习惯和作风。"不专心致志，则不得也"，无论做什么事情，不专心致志就干不好。学习、工作专心，才能认真深入，持之以恒。务必专心，是成才立业所必需的重要条件。

明于察己^①，辨察知人^②。

【注解】

① 明于察己：指自己能清楚地了解自己，客观地看待自己。明：清楚；明白。察：了解；观察。于：对；对于。

② 辨察知人：通过辨别、考察，了解人的品行和才能。辨：辨明；辨别。《后汉书·仲长统传》："目能辨色，耳能辨声，口能辨味。"察：考察；调查。知人：了解人的品行和才能。《尚书·皋陶谟》："知人则哲，能官人。"

明于察己，对自己有客观、正确的估价，就可以根据自己的实际情况，对学习和工作作出切实可行的计划安排。社会是复杂的，生活在社会中的人，情况也是复杂的，因此，在人际交往中注意辨察知人，做到胸中有数，是非常必要的。

尊贤爱才^①，审己度人^②。

【注解】

① 尊贤爱才：尊重和爱护有道德和有才能的人。贤：有德行的人；有才能的人。才：有才能的人。

② 审己度（duó）人：详知自己，推知别人。审：详知；明悉。《荀子·强国》："然而其禁暴也察，其诛不明也审。"度：推测；估计。《诗经·小雅·巧言》："他人有心，予忖度之。"

世上的一切事情都是由人去做的，充分发挥人才的作用，是我们的事业兴旺发达的重要保证。尊贤爱才，敬德重能，应该形成一种普遍的社会风尚。只知道自己，不了解别人，很难与人融洽相处，团结合作。审己度人，则有助于以恰当的方式方法与人交往，携手共事，一同前进。

泰而不骄^①，平易近人^②。

【注解】

① 泰而不骄：孔子论从政的五种美德之一。意为安泰而不骄傲。泰：平安；安宁。《论语·尧曰》："泰而不骄……。君子无众寡，无小大，无敢慢，斯不亦泰而不骄乎？"又《论语·子路》："君子泰而不骄，小人骄而不泰。"孔子认为，君子存心谨慎，胸襟宽阔，待人无论众寡，处事无论大小，都不敢怠慢，故处处矜持安泰而不骄傲放肆。孔子视此为治国从政的一种美德。

② 平易近人：形容性情平和，态度可亲，使人容易接近。原作"平易近民"。《史记·鲁周公世家》："夫政，不简不易，民不有近；平易近民，民必归之。"

神态平和安宁而又谦虚谨慎的人，使人感到亲切可敬。对于领导者来说，泰而不骄是一种可贵的从政美德。态度和蔼，没有架子，人们就愿意接近他、信任他。平易近人，是联系群众、做好工作所不可缺少的条件。

为人忌狂[①]，勿媚于人[②]。

【注解】

① 为人忌狂：做人处世要戒除狂妄的坏毛病。为人：指做人处世的态度。忌：戒除。

② 勿媚于人：不要讨好人、巴结人。媚：谄媚，即有意讨人喜欢；巴结。《史记·佞幸列传》："非独女以色媚，而士宦亦有之"。

　　狂妄的人过高地估计自己，过低地估计别人，甚至目空一切，其结局往往是失败、自毁，因此我们应该牢记为人忌狂、戒骄破满的人生道理。讨好人、巴结人是一种可鄙的行为，谄媚者既辱丧了自己的人格，又污染了社会风气。勿媚于人，心底无私，自尊自爱，自重自强，定能一身正气走四方。

文明交往，礼貌待人。

人们通过相互交往，才能产生良好的人际关系，才能协同共事，团结合作。因此，文明交往应成为每一个人所努力的目标。礼貌待人的核心是尊重他人，随着社会的进步和发展，礼貌待人已成为公共生活中人际关系的行为准则和道德规范。

【张良进履】

　　1. 有位衣着寒酸的老人坐在桥头，一只鞋掉到了桥下。老人见张良走来，便叫张良把鞋捡上来，又让替他穿上。张良弯腰屈膝为他穿好。

2.老人见张良谦恭有礼，遂约定时日赠以《太公兵法》一书。张良日夜攻读，学到了丰富的军事知识，后来辅佐刘邦推翻了秦朝。

相互谅解①，推己及人②。

【注解】

① 相互谅解：在了解实情后，相互原谅或消除意见。谅解：了解实情后原谅或消除意见。

② 推己及人：由自己的心意去推想别人的心意。指体谅他人，设身处地替别人着想。宋代朱熹《朱子语类》卷三十三《论语〈子贡曰如有博施于民章〉》："能近取譬，是推己及人，仁之方也。"

相互谅解是弥补感情裂痕的黏合剂，是人们言归于好的灵丹妙药。相互谅解，要求双方都显示出大度的胸怀，理解、体谅、谦让对方。推己及人，充分体现了与人为善的道德情怀。推己及人的美德，有助于实现人际关系的和睦、融洽，使我们在生活中感到周围是一片阳光，充满温情。

处世歌诀

自我控制①，修己安人②。

【注解】

① 自我控制：指控制自己的感情和情绪，以使自己保持良好的感情状态和情绪活动。

② 修己安人：修养自己，可以使他人得到安乐。《论语·宪问》："子路问君子。子曰：'修己以敬。'曰：'如斯而已乎？'曰：'修己以安人。'"

积极的情绪鼓劲成事，消极的情绪泄气坏事，学会自我控制，用理智和意志驾驭自己的感情和情绪，可令你争当生活中的强者和事业上的成功者。加强自身的修养、学习，提高自身的道德和业务水平，才能服众。修己安人，是领导者和执法者在工作中应自觉遵循的行为准则。

和气致祥①，善气迎人②。

【注解】

① 和气致祥：和睦融洽可以招致吉祥。致：招致。《汉书·刘向传》："和气致祥，乖气致异；祥多者其国安，异众者其国危。"

② 善气迎人：用亲善的态度对待人。形容和蔼可亲的样子。善：亲善。气：态度。《管子·心术下》："善气迎人，亲如弟兄。"

　　和气致祥，和气致福，和睦融洽的人际关系，可使人们生活在一个心情舒畅、精神愉悦、欢乐和美的大家庭中。大家都做到善气迎人，那么在生活中就随处可见真诚的微笑、文明的举止、礼貌的谈吐，人们生活于天地间将感到如坐春风，如沐春雨。

见义勇为 ①，以德化人 ②。

【注解】

① 见义勇为：见到合乎正义的事就奋勇去做。勇：奋勇；勇敢。为：做；作为。《宋史·欧阳修传》："见义勇为，虽机阱在前，触发之不顾。"

② 以德化人：用高尚的道德感化他人。以：用；拿。《韩非子·难一》："以子之矛陷子之楯，何如？"德：道德；品行。化：感化。

见义勇为的人，嫉恶如仇，主持正义，遇到坏人坏事挺身而出，坚决斗争。见义勇为，体现了勇敢的斗争意志和无所畏惧的精神，是中华民族的传统美德之一。品德高尚，足称楷模，必能赢得大家的尊重与敬佩，从而做到以德化人。以德化人说明了这样一个道理：榜样是无声的号召，表率是无言的命令。

自强不息①，不甘后人②。

【注解】

① 自强不息：指自觉地努力向上，永远不松劲。自强：自己努力向上。息：停止。《周易·乾》："天行健，君子以自强不息。"

② 不甘后人：不甘心落在别人后面。后：落在后面。《论语·先进》："子畏于匡，颜渊后。"

自强不息意味着不断奋斗前进，在人生的征途上，自强不息的精神鼓舞着人们百折不挠，阔步向前。不甘后人，是可贵的要强上进精神。有了这种精神，就会自觉努力，赶先进，超先进，在前进的道路上永不停步。

顾全大局 ①，鄙视小人 ②。

【注解】

① 顾全大局：顾全整个的局面。大局：整个的局面；整个的形势。

② 鄙视小人：轻视人格卑鄙、道德低下的人。鄙视：轻视；看不起。《左传·昭公十六年》："我皆有礼，夫犹鄙我。"小人：人格卑鄙、道德低下的人。

　　顾全大局，就是顾全整体，把大局搞好搞活，大家都会受益；反之，不顾大局，损害整体的利益，也必然要损害大家的利益。小人不讲廉耻，没有信义，为了谋一己之私，多行邪恶之事。鄙视小人，远离小人，不让小人有空子可钻，乃是立身处世之上策。

唯义是守^①，以义相亲^②。

【注解】

① 唯义是守：坚决恪守道义。唯：只有；唯独。这里引申为"坚决"。义：正义；道义。是：代词，这里复指提前的宾语"义"。守：恪守；遵守。

② 以义相亲：指在人际关系中，以义为友朋，以义而亲近。义：正义；道义。

　　历史上的忠臣义士，留下了许多唯义是守的感人事迹；今天，改革开放和现代化建设的形势，更在强烈地呼唤人们保持唯义是守的高尚品德。在以义相亲的道德规范中，"义"是人们引为友朋、互相亲近的基点；以义相亲，才能处理好人际关系，从而利己、利人、利国家。

养亲必敬[1]，手足情深[2]。

【注解】

[1] 养亲必敬：赡养父母，必须要尊敬、爱戴父母。"养亲必敬"是儒家对孝道的一种规定。儒家认为，仅能侍奉、赡养父母并不能算作孝，还要对父母恭敬、顺从，这样才可称为"孝"，以此强调了养亲必须要敬亲。亲：父母。敬：尊敬；恭敬。

[2] 手足情深：兄弟之间情谊深厚。手足：比喻兄弟。宋代苏辙《为兄轼下狱上书》："臣窃哀其志，不胜手足之情。"情：感情；情谊。

养亲必敬，可使父母感受到儿女尊敬他们、爱戴他们的真心诚意，感受到儿女时刻将他们记挂在心的一片亲情，感受到家庭的温暖和老年生活的幸福。养亲必敬是举世称道的中华民族的传统美德。哥哥姐姐关心、爱护弟弟妹妹，弟弟妹妹尊敬、礼让哥哥姐姐，兄弟姐妹亲爱和睦，就能共同享受手足情深的欢乐和幸福。

【打虎救弟】

　　1.清朝有个年轻人叫程含光。一天黄昏，他和弟弟回返故乡，途经一处荒山野岭时，忽然一只猛虎从高处扑来，把含光的弟弟叼走了。

　　2.含光飞快追赶，一个箭步跳到老虎背上，左手抓住老虎的颈项，右手用竹鞭往老虎的头上拼命抽打。老虎忍不住痛，口一张，放了含光的弟弟。

尊老爱幼①，从师必尊②。

【注解】

① 尊老爱幼：尊敬老人，爱护幼小。

② 从师必尊：指跟老师学习的时候，对老师一定要抱着尊重的态度。从师：跟老师（学习）。唐代韩愈《师说》："惑而不从师，其为惑也，终不解矣。"

　　老年人有比较丰富的实践经验，对社会和家庭曾作出过贡献，可以做我们工作和生活的指导者；儿童是国家、民族的希望和未来。因此，尊老爱幼是每个公民应尽的义务，也是做人的美德。人们把老师比作"园丁"，把老师誉为"人类灵魂的工程师"。对学生来说，老师是智慧的象征，是人生的向导，从师必尊，是每个学生都应该做到的。

珍重友谊，高义薄云①。

【注解】

① 高义薄云：正义的行为高及云天。也指文章意旨的境界很高。高义：指崇高的正义行为或正义感。薄：迫近。云：云天。章炳麟《狱中与吴君遂、张伯纯书》："逾数日得君遂手书，并墨银三百元，资助讼费，高义薄云，感激无量。"

友谊是信任，是理解，是诚恳，是奉献，友谊是人生旅途中激人奋进的伴侣。追求友谊，珍重友谊，人生将更美好，更幸福。中国人民向往自由，反对压迫，热爱祖国，涌现过无数可歌可泣的忠义之举。古往今来，无数仁人志士肝胆照人，高义薄云，为中华民族的历史谱写了光辉壮丽的篇章。

团结友爱，睦乃四邻^①。

【注解】

① 睦乃四邻：同前后左右的邻居和睦相处。乃：语气词。《尚书·大禹谟》："乃武乃文。"四邻：前后左右的邻居。

团结友爱是巨大的向心力，让许许多多的人拧成一股绳，朝着共同的目标奋进，团结友爱是我们在事业上获得成功的有力保证。远亲不如近邻，邻里之间天天见面，日日相处，睦乃四邻既能增加相互友谊，使彼此心情舒畅，又能相互帮助，有利于家庭生活。

以文会友^①，以友辅仁^②。

【注解】

① 以文会友：用文章学问来结交朋友。以：用。会：结交；会合。《论语·颜渊》："君子以文会友。"

② 以友辅仁：通过志同道合的朋友来辅助自己增进仁德。以：通过。辅：辅助。仁：仁德。《论语·颜渊》："君子……以友辅仁"。

朋友之间应该在事业上互相帮助和支持，以文会友，在文章和学问上互相切磋探讨，是一种共同追求和成就事业的交友之道。交流感情，充实思想，修养道德，陶冶情操，是友谊的重要内容。以友辅仁，可使朋友之间在品德上互相砥砺，从而有助于人格的完善。

【晏殊会友重真才】

1.晏殊做官后，一次巡行江南，发现一个名叫王淇的人很有才学，特地出了个上联："无可奈何花落去"，让王淇作对子。

　　2. 王淇稍加思索，便用"似曾相识燕归来"相对。晏殊非常高兴，立即将王淇举荐到集贤院任职。

度德量力^①，恻隐之心^②。

【注解】

① 度（duó）德量力：衡量自己的品德能否服人，估计自己的能力是否胜任。指办事要充分考虑自己的威信和力量，不可鲁莽从事。度：衡量。德：品德。量：估计。《左传·隐公十一年》："度德而处之，量力而行之，相时而动，无累后人，可谓知礼矣。"汉代应劭《风俗通·皇霸》："（宋）襄公不度德量力。"

② 恻隐之心：对受苦难的人表示同情的心意。恻隐：对受苦的人表示同情；不忍。《孟子·公孙丑上》："无恻隐之心，非人也。"

莽撞冒失，十有八九要失败；度德量力，做到心中有数，然后顺势而行，办事才有把握。恻隐之心，是产生扶危济困、见义勇为等正义行动的心理支柱；人人都存恻隐之心，社会必然会形成良好的风尚，世界就会充满温情，充满爱。

修己忘我^①，舍己为群^②。

【注解】

① 修己忘我：指加强自身修养，为了国家和人民的利益而不顾自己。修己：自身修养。《论语·宪问》："修己以安百姓。"忘我：（为了国家和人民的利益）忘掉自己；不顾自己。

② 舍己为群：为了人民大众而牺牲自己的利益。舍：舍弃。这里引申为"牺牲"。群：群众，这里泛指人民大众。

修己忘我、舍己为群的仁人志士，为了国家，为了人民，鞠躬尽瘁，无私奉献，死而后已。他们是华夏神州的中流砥柱，是中华民族的钢铁脊梁。修己忘我、舍己为群的优良品德，光照千秋万代，激励着无数后人。

名利如水①，富贵浮云②。

【注解】

① 名利如水：即视名利淡如水，不计较个人的名利。

② 富贵浮云：原意是把金钱权位看得像浮云一样轻飘、不足道。后用以比喻功名利禄变幻无常。《论语·述而》："不义而富且贵，于我如浮云。"金代元好问《赵元德御史兄七秩之寿》诗："富贵浮云世态新，典刑依旧老成人。"

　　追名逐利，私念缠身，其结果或是损害自身的名誉成就，或是落个身败名裂的下场。名利如水，抛虚名浮利于脑后，志在为中华腾飞作贡献，是今天应该大力提倡的态度和精神。"勿慕贵与富，勿忧贱与贫"，富贵浮云，有道德修养的人，淡泊富贵，追求的是心灵上的充实、丰富，并从中感受到人生的真正乐趣。

优化人格^①，天理良心^②。

【注解】

① 优化人格：指注重自身修养，使人格优良、美好。优：优良；美好。化：表示转变成某种性质或状态。如绿化；电气化；大众化。

② 天理良心：不违天道，本着良心做事。天理：天道，意思是天能主持公道。《京本通俗小说·错斩崔宁》："今日天理昭然，一一是他亲口招认。"

道德修养是人格形成的关键因素，有什么样的道德就有什么样的人格。优化人格，必须自觉地加强道德修养，使自己沿着道德的阶梯去追求理想的人格。天理良心是个人行为的"自我调节者"，使人们自觉地遵守道德规范和道德义务。天理良心有利于人际关系的和谐以及社会的安定，对人们的道德生活起着不可替代和不容忽视的作用。

见贤思齐①，常省吾身②。

【注解】

① 见贤思齐：见到才能、德行好的人，便想到应该向他看齐。贤：才能、德行好。思：想。齐：整齐。这里引申为"向他看齐"。《论语·里仁》："子曰：'见贤思齐焉，见不贤而内自省也。'"

② 常省（xǐng）吾身：经常进行自我反省，以检查自己的思想行为。省：检查自己的思想行为。吾身：自己；自身。《论语·学而》："曾子曰：'吾日三省吾身：为人谋而不忠乎？与朋友交而不信乎？传不习乎？'"

见贤思齐，是人们向道德榜样和周围群众学习，并进而奋发上进的重要途径。见贤思齐的修身方法，可使我们不断汲取道德营养，逐渐达到思想品德的高尚境界。常省吾身是一种自觉进行道德修养的方法。常省吾身，能及时对自己的道德表现作出评价，及时发现自己的缺点和过失，并尽快加以改正。

推功揽过 ①，将心比心 ②。

【注解】

① 推功揽过：将功劳让给别人，自己主动承担过失。推：让给别人；辞让。揽：拉到自己这方面或自己身上来。

② 将心比心：用自己的想法去推想别人的心思。指设身处地为别人着想。将：用；拿。比：类比。这里引申为"推想"。宋代朱熹《朱子语类》卷十六《大学三》："俗语所谓将心比心，如此则各得其平矣。"

对待功劳和过失的态度，往往最能反映一个人的内心世界。有功不自恃，有过不推诿，当然为人们所赞颂。而推功揽过，则体现了更为高尚的思想境界和坦诚无私的胸怀。将心比心，是相互谅解的前提，是宽容对方的起点；将心比心，能将僵持的关系化为融洽的情意，令彼此的心灵更加贴近。

自知之明 ①，求仁得仁 ②。

【注解】

① 自知之明：对自己的清醒的认识。指能看到自己的不足，对自己有正确的估计。明：看清事物的能力。《老子》第三十三章："知人者智，自知者明。"

② 求仁得仁：求仁德便得到仁德。比喻理想和愿望得到实现。《论语·述而》："求仁而得仁，又何怨。"

人贵有自知之明，自知之明要求我们了解自己的缺点、弱点，还要求我们明晰自己的优点、特点，从而实事求是地、客观辩证地看待自己。求仁得仁是人生的幸事、乐事；求仁得仁，需要事先制订切实可行的目标，然后始终如一地不懈努力。

自我净化^①，洁手清心^②。

【注解】

① 自我净化：指自觉地清除头脑中的不良思想和意识，以使自己的精神境界高尚、纯洁。净化：清除杂质使物体纯净。

② 洁手清心：形容保持自身的纯洁清廉。洁：纯洁；干净。《晏子春秋·内篇问上》："洁身守道，不与世陷乎邪。"清：清廉。唐代姚崇《冰壶诫》："与其浊富，宁比清贫。"

　　自我净化，主动地追求真理，为达到思想品德真、善、美的境界而不懈努力，是提高道德修养、优化人格的可贵之举。洁手清心，必能重道德、轻私利，重气节、轻富贵，自奉俭约，自守廉洁，为人可谓"朗如日月，清如水镜"。

自我平衡①，福善祸淫②。

【注解】

① 自我平衡：指自觉地对喜、怒、哀、乐、欲等心理活动进行调节疏导，以保持自己平稳和顺的心理状态。平衡：对立的各方面在数量或质量上相等或相抵。

② 福善祸淫：指天道将降福于善人，降祸于恶人。淫：邪恶。《尚书·汤诰》："天道福善祸淫，降灾于夏，以彰厥罪。"

复杂的社会生活，容易导致各种矛盾的心理和紧张的情绪；自我平衡，则能疏导、缓和乃至化解这些矛盾的心理和紧张的情绪，使我们活得潇洒、超脱、充实、快活。福善祸淫说明了这样一个道理：善有善报，恶有恶报；不是不报，时候未到；时候一到，一切都报。福善祸淫启示我们：要多萌善念，多兴义举，多办好事，同时与坏人坏事作坚决的斗争。

自我解嘲^①，清慎勤忍^②。

【注解】

① 自我解嘲：指用言行来为自己掩饰或辩解被人嘲笑的事情。汉代扬雄《解嘲》："人有嘲雄以玄之尚白，雄解之，号曰解嘲。"

② 清慎勤忍：清：廉洁。慎：谨慎。勤：勤劳。忍：忍耐。清慎勤忍是南宋吕本中提出的官吏应遵守的四条道德准则，见于《舍人官箴》："当官之法，惟有三事：曰清、曰慎、曰勤。"又说："若能清、慎、勤之外，更行一忍，何事不办？"

行进在曲折坎坷的人生旅途，难免有失误不当之举，难免有尴尬难堪之时，此时此景，自我解嘲犹如为自己脚下铺就了一条走出困窘的道路。清慎勤忍，在今天仍有其积极的现实意义，它为实现廉政建设，为培养严谨细致的工作作风，为激励振兴中华的奋斗精神，提供了道德准则。

自我挑战①，知难而进②。

【注解】

① 自我挑战：指自己鼓励自己向困难艰险提出挑战。

② 知难而进：明知困难，却不后退。即迎着困难上。

自我挑战是一种积极、自信、奋发、向上的心理状态，表现了向困难艰险冲击的高度自觉性、主动性，并以此赢得令人羡慕的成功。在困难面前，要昂起头将它们一个个跨越过去；知难而进，就是用勇敢和奋斗的精神迎向困难，并进而战胜困难，征服困难。

自我管理①，靠己立身②。

【注解】

① 自我管理：指自己对自己进行管理。

② 靠己立身：依靠自己的努力，在社会上站住脚并作出成绩。立身：在社会上站得住，有成就。《神童诗》："少小须勤学，文章可立身。"

　　自我管理，就是人们运用自我意识对自己进行制约和激发。正确的自我管理，能使人们健康完善地发展，最大限度地提高自身的人生价值。靠攀附其他物体生长的藤萝，爬得再高也成不了气候；独立生长的青松，才能够成为有用之材。靠人人倒，靠山山倒，靠自己最好。靠己立身，是每一个人走入社会时都应持有的正确态度。

克服自卑^①，拥有自信^②。

【注解】

① 克服自卑：克服轻视自己的思想，树立前进的信心。自卑：轻视自己，认为无法赶上别人。

② 拥有自信：具有自信心。拥有：具有。

　　自卑是一种消极而有害的情绪，它使人精神不振，意志消沉，甚至颓废悲观，自暴自弃；克服自卑，增强信心，才能奋发有为，在生活的绿洲中辛勤耕耘并喜获丰收。自信是从事各种活动的最佳心态，自信往往是成功的伴侣；拥有自信，就拥有战胜困难的决心和勇气，进而产生开拓进取的精神力量。

洁身自好^①，己行自尊^②。

【注解】

① 洁身自好（hào）：保持自身的清廉纯洁，不和世俗同流合污。洁：廉洁；干净。自好：自爱。郭沫若《洪波曲·南京印象·一四》："象伯夷、叔齐那样，既不赞成殷纣王，又不赞成周武王，那种洁身自好的态度似乎是无法维持的。"

② 己行自尊：自己的行为，处处体现出对自己人格的尊重。行：所作所为。《商君书·更法》："疑行无成，疑事成功。"

洁身自好的品格，冰清玉润，雅净纯正。洁身自好是自尊自重的表现，洁身自好是建立美好人格的根基。己行自尊是高尚人格的体现，己行自尊，有助于人们维护自己的尊严，激励人们克服自身存在的缺点，向真、善、美的道德境界不断迈进。

【杨震清廉自守】

    1. 杨震在荆州刺史任内，荐举了王密为昌邑县令。后杨震调任东莱太守，路过昌邑时，王密为了报恩，夜访送金，并说："夜黑无人知道。"

2. 杨震很不高兴，说："我的为人你知道。天知、神知、我知、你知，怎么能说无人知道呢？"王密十分羞愧，携金而返。

毁人自毁^①，玩火自焚^②。

【注解】

① 毁人自毁：毁谤别人的人，就是在毁谤自己。毁：毁谤；说别人坏话。唐代皮日休《鹿门隐书》："毁人者，自毁之；誉人者，自誉之。"

② 玩火自焚：玩弄火的反倒把自己烧死。比喻做坏事的人自食恶果。《左传·隐公四年》："夫兵，犹火也；弗戢（停止），将自焚也。"

> 毁人自毁，损人自损；毁人者的目的是要诬蔑别人，往别人身上泼脏水，结果却往往暴露了自己的丑恶灵魂，损害了自己的名声。玩火自焚，作恶自毙，这是天理和正义对恶人的惩罚；玩火自焚，搬起石头砸自己的脚，这是坏人难以逃脱的可耻结局。

严以律己①，宽以待人②。

【注解】

① 严以律己，对自己约束得很严，即对自己要求严格。严：严格。律：约束。《明史·罗伦传》："伦为人刚正，严于律己。"

② 宽以待人：以宽容的态度来对待别人。宽：宽容。明代罗贯中《三国演义》第六十回："某素知刘备宽以待人，柔能克刚，英雄莫敌。"

> 在思想、学习、工作和生活上严格要求自己，对自己的毛病和缺点，有真诚的自我批评和坚决改正的态度，这就是严以律己的精神。与人交往，有吃亏让人、抢困难让方便的风格，对别人的毛病和缺点，在积极热心帮助的同时，有宽容、谅解的态度，这就是宽以待人的精神。严以律己、宽以待人应当成为我们为人处世的座右铭。

否极泰来^①，过度失春^②。

【注解】

① 否极泰来：恶运到了尽头，好运就来了。形容事物发展到极限，就会向对立面转化，情况坏到极点，就会向好的方面转化。否、泰：《周易》中的两个卦名。否：天地不相交，失利。泰：天地相交，亨通。汉代赵晔《吴越春秋·勾践入臣外传》："时过于期，否终则泰。"

② 过度失春：指超过了一定的"度"，事物就可能走向其反面。过：超过。度：限度。失春：失去生机。比喻事物走向其反面。

否极泰来向人们揭示了这样一个规律：物极必反，苦尽甜至。因此，无论遇到多大的困难，我们都要看到光明和希望，树立战胜困难的决心，满怀信心地迎接胜利的明天。凡事都有个"度"，过度失春告诉人们这样一个道理：做事要掌握火候，把握分寸，适得其度，否则，超过了一定的范围和界限，事情就会走向其反面。

恭听广纳^①，辨伪存真^②。

【注解】

① 恭听广纳：形容虚心而广泛地听取意见、采纳意见。恭：恭敬。这里形容虚心的态度。广：广泛；多。《汉书·艺文志》："大收篇籍，广开献书之路。"纳：采纳。《庄子·刻意》："吐故纳新。"

② 辨伪存真：辨别、去除虚假的，保存真实的。辨：辨别；分辨。这里引申为"辨别、去除"。伪：虚假。存：保存；保留。

　　一个人的水平再高，能力再强，认识也有一定的局限性。恭听广纳，可以集思广益，冲破个人认识的局限，把工作做得更好。大千世界，世象纷繁，真假并存。我们应透过表象看本质，辨伪存真，不被障眼的迷雾所左右。

走出逆境^①，度过厄运^②。

【注解】

① 走出逆境：摆脱不顺利的境遇。走：离开。出：脱离。逆境：不顺利的境遇。

② 度过厄运：度过困苦遭遇的日子。厄运：困苦的遭遇。

　　面对逆境，愁苦、哀叹都无济于事。对待逆境，唯一正确的办法就是奋斗，通过奋斗走出逆境，前面就是一片光明。厄运和幸运是人生的两只翅膀，厄运虽然给人带来痛苦、艰辛，但以智慧和毅力走出厄运，人就会变得更加坚强和成熟。

威武不屈[①]，能屈能伸[②]。

【注解】

① 威武不屈：在强暴的压力下也不屈服。形容坚贞刚强。威武：权势；武力。《孟子·滕文公下》："富贵不能淫，贫贱不能移，威武不能屈。此之谓大丈夫。"

② 能屈能伸：能弯曲也能伸展。常指在不得志时能暂时忍耐，以便得志时能大干一番，施展自己的抱负。宋代邵雍《代书寄前洛阳簿陆刚叔秘校》诗："知行知止唯贤者，能屈能伸是丈夫。"

威武不屈是一种崇高的气节和坚贞的操守，它要求人们在强暴的淫威面前，昂首挺胸，敢于斗争，不失志，不变节，经得住铁与火、生与死的严峻考验。对能屈能伸者来说，屈是手段，伸是目的，暂时的屈，是为了将来的伸。我们主张，应该为有益于国家和人民的事情能屈能伸，如果为一己之私或个人的阴谋、野心而能屈能伸，则是在搞阴谋诡计，其结果必将害人害己。

忍辱负重①，毅力坚韧②。

【注解】

① 忍辱负重：能忍受屈辱，承担重任。《三国志·吴志·陆逊传》："国家所以屈诸君使相承望者，以仆有尺寸而称，能忍辱负重故也。"

② 毅力坚韧：意志持久、坚强而有韧性。毅力：坚强持久的意志。

人们在复杂的社会生活中，难免遭受委屈甚至不白之冤，为了大局的利益，应该忍辱负重，在布满荆棘的通往理想境界的道路上，奋勇迈进，永不停步。成才建业者，都需要经历许多磨难，只有毅力坚韧，才能在前进途中不怕挫折、失败，百折不挠，坚持到底，直至取得圆满的成功和辉煌的胜利。

处世歌诀

宠辱不惊①，微笑常存②。

【注解】

① 宠辱不惊：无论受宠或受辱都不惊动。指把荣辱得失置之度外。宠：荣耀。辱：羞辱。惊：惊动。《新唐书·卢承庆传》记载卢承庆主管考核官吏的工作，有个官吏负责粮运，因翻船丢了粮食，卢承庆给他"考中下，以示其人，无愠也。更曰：'非力所及'，考中中，亦不喜。承庆嘉之曰：'宠辱不惊'，考中上"。

② 微笑常存：形容经常保持亲切和蔼的态度。常：经常；时常。存：保存；保留。这里引申为"保持"。

一个人若能摆脱名缰利锁，跳出个人主义的小天地，便能做到宠辱不惊，在个人的利害得失面前，心境恬淡，泰然处之。微笑，显示了对人的热情和诚意，体现了对人的尊重和友好。微笑常存，有如和煦的春风不住吹拂人们的心头，给人们送来人间的温暖情意。

事无私曲^①，声无假吟^②。

【注解】

① 事无私曲（qū）：处理事情不偏袒、不庇护，公正合理。指处理事情秉公而行，不徇私情。事：事情。这里引申为"处理事情"。私：偏爱。战国屈原《离骚》："皇天无私阿兮。"曲：不公正；不合理。私曲：偏私阿曲的行为。《韩非子·有度》："故当今之时，能去私曲，就公法者，民安而国治。"

② 声无假吟：不说虚假的话。声：言语；话。《汉书·赵广汉传》："界上亭长，寄声谢我，何以不为致问？"假：虚假；虚伪。吟：吟咏；歌咏。这里引申为"说"。

事无私曲，是品格光明正大、心胸坦荡宽广的表现；事无私曲，才能分清是非善恶，扶正压邪，真正维护人们的正当权益，赢得人们的尊敬和信任。不论在什么情况下，我们都要讲实话、吐真言。声无假吟，反映了一个人诚实可靠、尊重事实、坚持真理、主持正义的好品德。

坦诚相待^①，贵在知心^②。

【注解】

① 坦诚相待：指坦率真诚地互相交往。坦诚：坦率真诚。相待：这里的意思是"互相交往"。

② 贵在知心：人与人交往，最可贵的在于知心。贵：可贵。在：在于。汉代李陵《答苏武书》："人之相知，贵相知心。"

坦诚相待，会使人们正确运用批评和自我批评的武器，会促进人们互相帮助、互相学习、互相鼓励，会帮助人们找到同志同道和知心知音。人之相交，贵在知心。互相知心，就能做到真诚帮助、彼此信赖、患难与共、生死相依。

以和为贵^①，沉默是金^②。

【注解】

① 以和为贵：将人心和顺作为最宝贵的东西。指人和最可贵。以：将；拿。和：和谐；协调。这里引申为"人心和顺"，即人和。为：作为。《论语·学而》："礼之用，和为贵。"

② 沉默是金：形容沉默在人际交往中有着极好的应对效果。

　　人和是团结之基，是家顺之珍，是国兴之宝。以和为贵，反映了人们要求得到一个良好的学习、工作与生活环境的愿望，体现了中华儿女为振兴中华、强盛祖国而加强团结的要求。沉默是金，适时适度的沉默，显示了冷静和清醒，展现了智慧和胆识，具有其他应对方法所无法取得的效果，从而在社会生活中起着巧妙独到的作用。

不平则鸣^①，宜忍则忍^②。

【注解】

① 不平则鸣：受到不公正的待遇，就要发出不满的呼声。鸣；发出声音。指有所发抒或表示。唐代韩愈《送孟东野序》："大凡物不得其平则鸣。"

② 宜忍则忍：应当容忍、忍耐的事情就要容忍、忍耐。宜：应当。三国（蜀）诸葛亮《前出师表》："不宜妄自菲薄，引喻失义，以塞忠谏之路也。"则：连词，表示因果或情理上的联系。如：物体热则胀，冷则缩。

不平则鸣，表现为人民群众对欺凌、压迫等邪恶行径进行谴责、抨击和鞭挞。不平则鸣，这一人民群众反抗强暴、维护自身权益的斗争精神，应该永远提倡和发扬。宜忍则忍，体现了着眼大局，为国为民，而不纠缠个人荣辱得失的博大胸襟和高尚情操。宜忍则忍，小而言之有利于个人，大而言之有利于国家、社会和人民。

当仁不让^①，一诺千金^②。

【注解】

① 当仁不让：指遇到应该做的事，就要积极主动地做，不谦让、不推诿。当：面对着；面临。仁：应该做的事；正义的事。《论语·卫灵公》："当仁不让于师。"

② 一诺千金：一句诺言有千金价值。形容说话算数，极守信用。诺：诺言；许诺。《史记·季布栾布列传》："得黄金百斤，不如得季布一诺。"

　　当仁不让的精神，是为国家和人民的利益而努力工作和奉献的精神，表现了对国家、对人民的高度责任感。每个人对自己所说的话都要承担责任和义务，言而有信是做人的一条根本守则。一诺千金，会使你赢得信任，赢得友谊，赢得声誉，从而在脚下铺就一条宽广的人生之路。

【商鞅立木取信】

1. 春秋战国时，秦国的商鞅主持变法。为了树立威信，他下令在城南门外立一根木头，并当众许下诺言：谁能将这根木头搬到北门，赏金五十。

2.一个男子站了出来,把木头扛到了北门。商鞅立即赏金五十。

五讲四美①，公德必遵②。

【注解】

① 五讲四美：指以讲文明、讲礼貌、讲卫生、讲秩序、讲道德和心灵美、语言美、行为美、环境美为内容的文明礼貌活动。

② 公德必遵：一定要遵守公共道德。公德：公共道德。必：一定要；必须。

　　讲究文明礼貌，是一个民族进步的重要标志。中国素以"礼义之邦"著称于世，今天，五讲四美作为具体的道德规范，进一步显示了中国人民建设高度社会主义精神文明的崭新的风貌。公德必遵，能使人们的生活有和谐的节奏、良好的秩序，能使人们之间保持和睦、融洽的关系；公德必遵，是社会生活所不可缺少的行为准则，也是维护社会生活安定团结的一个重要条件。

纪律必守①，法律必循②。

【注解】

① 纪律必守：一定要遵守纪律。必：一定要；必须。守：遵守。

② 法律必循：一定要遵守法律。必：一定要；必须。循：遵守；依照。《礼记·射义》："卿大夫以循法为节。"

　　纪律能对人们的行为进行一定的约束，协调人们彼此之间的行动，从而使人们正常进行学习、工作和生产等各项活动，因此，纪律必守应该成为我们每个人的自觉行动。法律是维护公民权利、保障社会秩序、制裁犯罪行为的重要武器，法律与每个公民的切身利益密切相关，因此，我们每个人都要树立法律必循的意识，并以实际行动遵法守法。

【汉文帝巡营】

　　1. 汉文帝巡视细柳营，守护营门的军官说："没有将军的命令谁也不许进。"汉文帝便派使者去通告守营将军周亚夫。

　　2. 周亚夫下令打开营门后，守护营门的军官又说："将军有规定，军营内不得跑马。"于是，汉文帝又依照军令，下了马车慢慢地走。

面向未来，起步于今①。

【注解】

① 起步于今：从今天开始。指着眼于今天，从现在做起。起步：开始；开始走。于：从；自。

未来是人生追求的目标和奋进的方向，人生应该面向未来。面向未来，才能创造未来；面向未来的人，将赢得壮丽的人生。昨天已经过去，明天正在到来，只有今天才是真实的存在。今天，是奋发进取的起跑线，是成就事业大厦的基石。

渐入佳境①，明德惟馨②。

【注解】

① 渐入佳境：原指吃甘蔗从上端往下吃，越吃越甜。后用以比喻境况逐渐好转或兴味逐渐浓厚。渐入：逐渐进入。佳境：美好的境界。《晋书·顾恺之传》："恺之每食甘蔗，恒自尾至本，人或怪之。云：'渐入佳境'。"

② 明德惟馨：只有完美的德行才是真正芬芳的。明德：完美的德行。《礼记·大学》："大学之道在明明德。"惟：只；独。馨：芳香。《尚书·君陈》："至治馨香，感于神明。黍稷非馨，明德惟馨。"

　　渐入佳境是人生之幸事、乐事，天道酬勤，只有以坚韧顽强的精神不懈努力和追求，才能体会到渐入佳境的喜悦和乐趣。高尚的道德品行，永远为人们所崇敬和仰慕。明德惟馨的道理，教育、激发着人们向品德修养的高峰奋力攀登。

勿图虚荣^①，以实为本^②。

【注解】

① 勿图虚荣：不要贪图表面上的荣耀。图：贪图。虚荣：表面上的荣耀；虚假的荣名，柳宗元《游石角过小岭至长乌村》诗："为农信可乐，居宠真虚荣。"

② 以实为本：将真实、实在作为根本。指一切从真实出发，说话、做事实实在在。以：将；拿。实：真实；实在。为：作为。本：事物的根本、根源。

一个人在虚荣心的驱使下，会做出种种不道德甚至违法犯罪的事情，给自己和他人造成恶果。在万花筒般的大千世界中，只有抗拒诱惑，勿图虚荣，才能在人生道路上迈出实实在在的步伐。以实为本，是良好的思想作风和工作作风，是事业成功的根本保证；以实为本，应当成为我们立身行事的座右铭。

热爱劳动，办事认真。

人们只有通过劳动，才能创造物质财富，推动社会的发展。当前，我们要以主人翁的态度，热爱劳动，积极劳动，为早日实现祖国的繁荣昌盛作出贡献。办事认真，是尽心负责的表现；办事认真，才能兢兢业业，一丝不苟，做好各项工作。

热爱科学，好奇求新①。

【注解】

① 好奇求新：喜爱并探索、追求新奇的事物。形容不满足现状，勇于探索、追求，不断前进。好：喜爱。《诗经·小雅·彤弓》："我有嘉宾，中心好之。"求：探索；追求。《荀子·儒效》："言道德之求，不二后王。"

　　人类靠科学才能进步，社会靠科学才能发展，科学技术现代化是搞好现代化建设的关键。因此，热爱科学，学习科学，在今天有着尤为重要的意义。好奇求新，才能认识新事物，研究新课题；好奇求新，才能不断进步，不断创新。在当前改革开放的大潮中，我们应该多一点好奇求新的精神。

【鲁班发明的锯】

1. 一天，鲁班带着斧子上山去砍树，突然，手指被带齿的茅草拉了一个口子，鲜血直流。

　　2.由此，他受到启发，便仿照茅草的样子，用铁打成边缘上有细齿的铁条，然后去伐树，果然又快又省力。这就是鲁班发明的锯。

有志竟成①，业精于勤②。

【注解】

① 有志竟成：有志气的人，最后一定能成功。志：志气；志向。竟：终于。《后汉书·耿弇传》："将军前在南阳，建此大策。常以为落落难合，有志者事竟成也。"

② 业精于勤：学业上的精深造诣得之于勤奋。业：学业；课业。精：精通；深入。唐代韩愈《进学解》："业精于勤，荒于嬉；行成于思，毁于随。"

有志气，就会产生上进的决心和不达目的不罢休的气概；有志气，就能经得住各种磨难而坚持到底。有志竟成，这是一条真理。业精于勤的道理，启示着每一个求知治学的人：成功者的足迹都渗透着勤奋的汗水，不经过长时间的勤奋努力，就无法在学业上获得真正的成就。

热情永驻①，信念坚贞②。

【注解】

① 热情永驻：指永远保持热情。驻：停留。这里引申为"保持"。

② 信念坚贞：信念坚定不移。坚贞：心志坚定不移。《后汉书·王龚传》："但以坚贞之操，违俗失众。"

热情是在与他人交往时所表现出来的主动性和热诚的感情，如对人的问候、同情、关怀、友爱、帮助等等。愿人人热情永驻，世界上永远洋溢着人间的温暖情意。信念是事业心的支柱，信念坚贞，就会经得起前进道路上的坎坷曲折，雨雪风霜，百折不挠，勇往直前，直至取得完全的胜利。

追求真理，奋不顾身①。

【注解】

① 奋不顾身：奋勇直前，不顾个人安危。奋：奋勇直前。顾：顾惜；眷顾。身：自己；本身。汉代司马迁《报任少卿书》："常思奋不顾身，以殉国家之急。"

追求真理，是一切先进人物的共同特点；追求真理，需要有为维护真理而斗争的英勇精神，以及为实现真理而献身的无畏气概。奋不顾身冲上前，往往能在关键险急时刻转危为安，赢得胜利和成功。无论战争年代还是和平建设时期，我们都要保持和发扬英勇的奋不顾身的精神。

拼搏进取 ①，革故鼎新 ②。

【注解】

① 拼搏进取：不顾一切，尽最大努力奋斗，以图进取。拼搏：不顾一切地干；豁出去。

② 革故鼎新：破除旧的，建立新的。革：除去；改变。鼎：更新。《周易·杂》："革，去故也；鼎，取新也。"明代施耐庵《水浒传》第八十回："毋犯雷霆，当效革故鼎新之意。"

实现崇高理想和远大抱负的征途，漫长曲折，艰险重重，只有拼搏进取，才能披荆斩棘，破关夺隘，到达胜利的终点。搞好改革开放，离不开革故鼎新的精神。革故鼎新，才能冲出旧框框，打破保守的局面，不断创新，不断前进。

【王安石变法强国】

　　1. 北宋中期，年轻的宋神宗眼见国势日衰，破格提拔王安石为宰相，让他实行变法。

　2.由于王安石发展了农业生产、推行保甲制度、改革学校和科举制度，国库充实，国防力量也大大加强。

急流勇退 ①，开拓前进 ②。

【注解】

① 急流勇退：在急流中果断地退却。旧时比喻做官的人在顺利或得意时及早抽身引退。宋代苏轼《赠善相程杰》诗："火色上腾虽有数，急流勇退岂无人！"

② 开拓前进：以开辟、创新的精神不断前进。开拓：开辟；拓展。唐代韩愈《晚秋郾城夜会联句》："江淮永清晏，宇宙重开拓。"

　　演员在表演艺术达到最佳水准时急流勇退，将在观众心目中留下出色的艺术形象；运动员在运动水平处于巅峰状态时急流勇退，将为自己的运动生涯画上完美的句号；从事其他工作的一些人，也都面临着急流勇退的问题。急流勇退，既需要审时度势的自知之明，又需要毅然同名利告别的决心和勇气。人生就是进击，人生就是奋斗，开拓前进的精神，将使人们在人生道路上阔步向前，展翅高飞，摘取一项又一项胜利的桂冠。

乐业敬业①，为国为民。

【注解】

① 乐业敬业：热爱自己的职业，敬重自己的事业。乐：乐意；喜欢。敬：敬重。

　　只要乐业敬业，即使在平凡的岗位上，也能作出显著成绩；如果各行各业的人员都乐业敬业，我们的社会主义建设事业就会蓬勃发展，蒸蒸日上。为国，就要热爱祖国，报效祖国；为民，就要热爱人民，为人民服务。为国为民的优良品德，是为了祖国和人民的利益无私奉献的精神支柱。

里仁为美^①，年德俱尊^②。

【注解】

① 里仁为美：居住的地方，要有仁德才好。这是儒家的一种修养观点，即风俗仁厚的地方，是适宜君子居住的理想环境。里：古时居民聚居的地方。《诗经·郑风·将仲子》："将仲子兮！无逾我里。"仁：仁德；仁爱。为：是；才是。美：好。《论语·里仁》："里仁为美。择不处仁，焉得知？"

② 年德俱尊：年龄与德望都高。年德：年龄与德望。《三国志·魏志·曹爽传》"爽以宣王年德并高，恒父事之，不敢专行。"俱：全；都。尊：地位或辈份高。《韩非子·有度》："法审则上尊而不侵。"

在风俗仁厚的地方，人们的道德品质普遍比较好。里仁为美，应该是人们选择居住地点的一个重要条件。夕阳无限好，金辉洒人间。许多老年人，继续坚持修养道德，并尽己所能，为国家和人民贡献余热，这种年德俱尊的风范，受到全社会的称颂和敬重。

风度潇洒^①，文质彬彬^②。

【注解】

① 风度潇洒：形容人的言谈、举止、态度洒脱，毫无拘束。风度：指人的言谈、举止、态度。《晋书·安平献王孚传论》："安平风度宏邈，器宇高雅。"潇洒：洒脱，毫无拘束。

② 文质彬彬：形容人的举止斯文而有礼貌。文：文采。质：质地。彬彬：指配合相宜。《论语·雍也》："质胜文则野，文胜质则史。文质彬彬，然后君子。"

　　风度潇洒是一种仪表美，它是一个人具有较高文明程度和良好心理素质的体现。风度潇洒的人以其热爱生活、富有朝气、开朗乐观的气质，受到人们普遍的喜爱。文质彬彬的气质和风度，给人以文雅、谦逊、善良、礼貌的美感。文质彬彬，是一个人良好的思想意识、道德修养、知识水平、仪表举止的综合体现。

德厚流光①，雪魄冰魂②。

【注解】

① 德厚流光：指道德高尚，影响就深远。德：道德。厚，这里是"高尚"的意思。流：流传。这里引申为"影响"。光：通"广"，广泛；深远。《穀梁传·僖公十五年》："德厚者流光，德薄者流卑。"唐代韩愈《禘袷议》："今国家德厚流光，创立九庙。"

② 雪魄冰魂：形容人的精神、品德高尚纯洁，像冰雪那样洁白、晶莹。魂魄：旧指附在人体内可以脱离人体存在的精神。这里指精神、品德。五代王定保《唐摭言》卷十《海叙不遇》记刘得仁死后，诗人作诗以吊，有诗曰："忍苦为诗身到此，冰魄雪魂已难招。"

历史上许许多多的仁人志士，以其高尚的道德情操留名青史，在后人心中树立了不朽的丰碑，这是德厚流光道理的充分体现。雪魄冰魂般的精神品德，清润静雅，纯洁高尚，令人敬仰，令人向往，愿我们人人都追求它，拥有它。

躬行践履^①，修德养身^②。

【注解】

① 躬行践履：亲自实行，亲自去做。躬：亲自；自身。三国（蜀）诸葛亮《出师表》："臣本布衣，躬耕于南阳。"行：做；办。践履：实行。

② 修德养身：修养道德，保养身体。修：修养。养：保养；调养。

实践是认识的源泉，人的认识都是从实践中获得的。躬行践履，体现了重视实践、深入实践的精神，是一条通往事业成功所不可偏离的道路。修德养身，可使人们保持良好的心理状态和高尚的道德情操；可使人少得疾病，益寿延年，以健壮之体魄、充沛之精力，投入到学习和工作中去。

【苏轼察看石钟山】

　　1. 关于石钟山名字的由来，众说不一，但都不能令人信服。为了弄清这个问题，苏轼和儿子乘坐小船来到石钟山的绝壁下面。

2. 苏轼仔细观察，发现一块有很多窟窿的大石头挡在水流中心，风浪吞吐发出的声音，与水波冲荡山下洞穴发出的声音互相应和，如同歌钟演奏一样，故而得名。

后记

　　占祥同志花费多年心血撰写了一部有关道德修养的著作，书中共有二百五十句处世修身的四字格言短语，并配有古代励志小故事及插图，这就是今天奉献在读者面前的《处世歌诀》。

　　占祥同志嘱我为《处世歌诀》作注，这使我欣喜之至。为了注解《处世歌诀》，我阅读了一些有关中国传统道德文化的书籍，从而感到占祥同志的《处世歌诀》，对中国传统的道德思想和观念，进行了很好的概括与升华，其内容涉及人生的方方面面，堪称立身行事的规范和指南，对青少年尤有帮助修养道德，引领成才建业之功。为《处世歌诀》作注，实在是一项非常有意义的工作。

　　《处世歌诀》言约旨远，仅从词语角度注解，似不足显示出其丰富的内涵，因此在注解时，又结合自己的理解和认识，对每条歌诀的内涵都作了一些阐发，力求体现出其深刻的含义。

　　在为《处世歌诀》作注期间，我与占祥同志有了较多的接触。占祥同志为人谦逊，待人诚挚，求真务实，好学勤奋，在中国传统道德文化的研究方面有着很深的造诣，我有幸得到了占祥同志的许多指导和帮助，这是我的作注工作得以完成的一个重要原因。

由于自己的学识所限，在《处世歌诀》的注解中，问题和错误一定难免，敬请读者诸君予以教正。

梁宗强

处世歌诀

跋

　　我国古代很重视伦理道德教育。许多社会知名人士和著名教育家、学问家都直接参与蒙学教材的编撰工作，如编撰《三字经》的王应麟，撰写《千字文》的周兴嗣，撰辑《弟子规》的李毓秀，编选《小儿语》的吕得胜、吕坤父子，都是当时的大学问家和有识之士。

　　我幼年读书时，私塾先生拿着藤鞭，逼着我们学习和背诵《三字经》、《百家姓》、《弟子规》、《名贤集》、《朱柏庐治家格言》，直到背得滚瓜烂熟为止。几十年过去了，书中的许多名言警句至今仍记忆犹新。尽管当时对书中的一些内容不甚理解，然而在以后的生活实践中却理解了它们的含义。回想起来，真是受益匪浅。

　　这些蒙学读物，文字简练，通俗易懂，老少咸宜，切于实用，合辙押韵，便于记诵，读之朗朗上口，闻之锵锵动听，因而流传久远，盛传不衰。其中许多精辟论述，至今仍闪烁着不朽的光辉。

　　然而，历史上的蒙学教材，毕竟逃不脱历史的局限和落后性，书中残存着那种以"三纲五常"、"三从四德"为核心的封建等级观念和愚忠愚孝、男尊女卑的观念，渗透着封建文化中的一些消极乃至颓废的东西。这些糟粕显然与当今的伦理道德观极不适应，因而时代呼唤着新的蒙学读物、蒙学教材的诞生。

我不揣浅陋，学习和借鉴先贤们编撰《千字文》等蒙学教材的经验，撰写了《处世歌诀》。全书千字，四言叶韵，共二百五十句。着重写了修身正心、治学修德、待人接物、为人处世等方面的修养内容。在撰写过程中，我用了近三年的时间，翻阅了六百五十四本参考书，拟出了一千余句四字格言，经过反复推敲，细心筛选出二百五十句。尽力吸收古代道德修养中的精华，去掉那些消极的糟粕，而后注入时代的基因，使《处世歌诀》既具有民族性，又具有时代性，既具有普遍性，又具有针对性，既具有哲理性，又具有生动性。

《处世歌诀》初稿完成后，得到了许多朋友的热情指点、关心和支持。对古典文学颇有研究的梁宗强老师为该书作了注解和点评；《人民日报》海外版文艺部主任郑荣来看了《处世歌诀》后，在海外版上刊登了全文，并给我写了一封信，说《处世歌诀》很好：

> 形式活泼，主题严肃；
>
> 群众语言，哲人思路；
>
> 顺口押韵，如歌如赋。

言简意赅，易记好读；

佳作妙句，当入文库；

国人读之，必有所助。

　　由于撰写这部书的工作量非常大，加之本人才学有限，又是业余抽暇写作，虽然苦心成篇，但不足之处终究难免，恳望诸君不吝赐教。

　　　　　　　　　　　　　　　　高占祥

跋